Das Paarinterview

Christine Wimbauer · Mona Motakef

Das Paarinterview

Methodologie – Methode – Methodenpraxis

 Springer VS

Christine Wimbauer
Berlin, Deutschland

Mona Motakef
Berlin, Deutschland

ISBN 978-3-658-17976-2   ISBN 978-3-658-17977-9   (eBook)
DOI 10.1007/978-3-658-17977-9

Die Deutsche Nationalbibliothek verzeichnet diese Publikation in der Deutschen Nationalbibliografie; detaillierte bibliografische Daten sind im Internet über http://dnb.d-nb.de abrufbar.

Springer VS
© Springer Fachmedien Wiesbaden GmbH 2017
Das Werk einschließlich aller seiner Teile ist urheberrechtlich geschützt. Jede Verwertung, die nicht ausdrücklich vom Urheberrechtsgesetz zugelassen ist, bedarf der vorherigen Zustimmung des Verlags. Das gilt insbesondere für Vervielfältigungen, Bearbeitungen, Übersetzungen, Mikroverfilmungen und die Einspeicherung und Verarbeitung in elektronischen Systemen.
Die Wiedergabe von Gebrauchsnamen, Handelsnamen, Warenbezeichnungen usw. in diesem Werk berechtigt auch ohne besondere Kennzeichnung nicht zu der Annahme, dass solche Namen im Sinne der Warenzeichen- und Markenschutz-Gesetzgebung als frei zu betrachten wären und daher von jedermann benutzt werden dürften.
Der Verlag, die Autoren und die Herausgeber gehen davon aus, dass die Angaben und Informationen in diesem Werk zum Zeitpunkt der Veröffentlichung vollständig und korrekt sind. Weder der Verlag noch die Autoren oder die Herausgeber übernehmen, ausdrücklich oder implizit, Gewähr für den Inhalt des Werkes, etwaige Fehler oder Äußerungen. Der Verlag bleibt im Hinblick auf geografische Zuordnungen und Gebietsbezeichnungen in veröffentlichten Karten und Institutionsadressen neutral.

Lektorat: Katrin Emmerich

Gedruckt auf säurefreiem und chlorfrei gebleichtem Papier

Springer VS ist Teil von Springer Nature
Die eingetragene Gesellschaft ist Springer Fachmedien Wiesbaden GmbH
Die Anschrift der Gesellschaft ist: Abraham-Lincoln-Str. 46, 65189 Wiesbaden, Germany

Inhalt

1 **Einleitung: Warum Paare, warum Paarinterviews?** 1
   1.1 Von der soziologischen Paarvergessenheit zur Entdeckung
       der Paare 1
   1.2 Zum Sinn und Zweck von Paarinterviews 3
   1.3 Ziele und Aufbau des Buches 5
   1.4 Empirische Grundlagen des Buches 6
   1.5 Ein wissenssoziologisch-hermeneutischer und ‚relationaler'
       Ansatz – Methodologische Grundlagen 8

2 **Erkenntnismöglichkeiten von Paarinterviews** 11
   2.1 Zur Institutionalisierung einer Soziologie des Paares im
       deutschsprachigen Raum seit den 1960er Jahren 11
   2.2 Stärken und Schwächen von Paarinterviews 18
       2.2.1 Vorbemerkungen zu Interviews generell 19
       2.2.2 Das Paarinterview in Abgrenzung zu Einzelinterviews
             und zu kollektiven Erhebungsverfahren 22
             2.2.2.1 Methodologischer Status von Paarinterviews 22
             2.2.2.2 Das Paarinterview in Abgrenzung zu
                    Einzelinterviews 23
             2.2.2.3 Das Paarinterview in Abgrenzung zum Dyadischen
                    Interview sowie zu Familieninterviews und
                    Gruppendiskussionen 25
       2.2.3 Die spezifischen Stärken des Paarinterviews 28
             2.2.3.1 Besondere Erkenntnismöglichkeiten des
                    Paarinterviews 28
             2.2.3.2 Was kann man zudem in Paarinterviews ‚sehen'? ... 33
             2.2.3.3 Vom ‚Nutzen' des Paarinterviews für die Befragten .. 34
       2.2.4 Schwächen von Paarinterviews 36

3 **Forschungspraxis: Bisherige Anwendung und Forschungsstand** 39
   3.1 Empirisch begründete Grundlagentheorie zum ‚doing couple' 40
   3.2 Wandel von Geschlechterverhältnissen 42
      3.2.1 Untersuchungen von Doppelkarriere-Paaren 42
      3.2.2 Geldarrangements in Paaren 44
      3.2.3 Hausarbeitsteilung in Paaren 45
      3.2.4 Vereinbarkeit von Familie und Beruf 47
      3.2.5 Veränderte Männlichkeitskonstruktionen und Vaterschaft .. 48
   3.3 Transitionsphasen 49
   3.4 Zwischenfazit zum aktuellen Forschungsstand 50

4 **Durchführung: Methodische und methodenpraktische Aspekte** 53
   4.1 Sampling und Paarrekrutierung 54
      4.1.1 Mögliche Ausschlüsse 54
      4.1.2 Zeitliche und organisatorische Aspekte 57
   4.2 Art des Interviews, Ablauf und Gesprächsorganisation 57
      4.2.1 Art des Interviews 58
      4.2.2 Ablauf und Gesprächsorganisation des teilbiographisch-
           narrativen Paarinterviews 58
           4.2.2.1 Aushandlungen und Gesprächsorganisation
                in der Eingangssequenz 59
           4.2.2.2 Aushandlungen, Gesprächsorganisation und
                (Selbst-)Darstellungen im gesamten Interview 64
           4.2.2.3 Die Eingangsfrage, weitere erzählgenerierende
                Fragen und Nachfrageteil 67
      4.2.3 Leitfaden 69
      4.2.4 Zusammensetzung des Interviewenden-Teams 70
      4.2.5 Interviewendenschulung 72
   4.3 Schwierigkeiten im Interview und Mehrsprachigkeit 75
      4.3.1 Störungen und Schwierigkeiten im Interview 75
      4.3.2 Zum Umgang mit Mehrsprachigkeit und Interviews
           in ‚fremden' Sprachen 76
   4.4 Transkription 79
   4.5 Auswertung: Exemplarische Verfahren 81
      4.5.1 Kombination von Narrationsanalyse und
           Dokumentarischer Methode 83
      4.5.2 Wissenssoziologische Hermeneutik – Biographische
           Methode – Grounded Theory 84
      4.5.3 Objektive Hermeneutik 86

	4.5.4 Grounded Theory	87
	4.5.5 Zwischenfazit zu Auswertungsmethoden	88

5 Datentriangulation: Ergänzung mit anderen Erhebungsformen 89
   5.1 Ergänzende Interviews 90
      5.1.1 Zusätzliche Einzelinterviews mit beiden Partner*innen 90
         5.1.1.1 Erkenntnismöglichkeiten von kombinierten Paar- und Einzelinterviews 90
         5.1.1.2 Zur Reihenfolge von Paar- und Einzelinterviews 92
         5.1.1.3 Durchführung der Interviews 96
      5.1.2 Familieninterviews, familiengeschichtliche Gespräche und Gruppendiskussionen 97
         5.1.2.1 Familieninterviews und familiengeschichtliche Gespräche 97
         5.1.2.2 Gruppendiskussionen 99
   5.2 Weitere Datenquellen 101

6 Methodologische Reflexion und offene Forschungsfragen 105
   6.1 Narrationstheoretische Grenzen und offene Fragen 105
   6.2 Dem Interview inhärente Selektionen und Begrenzungen 107
   6.3 Fazit: Das Paarinterview als ‚Fenster' zur dargestellten Paarpraxis und intersubjektiven ‚Paarwirklichkeit' 108
   6.4 Weitere offene Fragen und Forschungsdesiderata 110
      6.4.1 Erforschung der Interaktion im Paarinterview 111
      6.4.2 Durchführung von Paarinterviews 111
      6.4.3 Auswertung von Paarinterviews 112
      6.4.4 Datentriangulierung 113
      6.4.5 Zeitlichkeit und Paneluntersuchungen 113
      6.4.6 Das Paar als kollektiver Akteur und die Existenz einer ‚Paar-Biographie' 114
      6.4.7 Homologieannahme/n 114
      6.4.8 Übertragbarkeit des Paarinterviews auf weitere Beziehungsformen 114

Literatur 119

Vorwort

Paare und deren wissenschaftliche Erforschung waren es, die uns – Mona Motakef und Christine Wimbauer – zusammengeführt haben, in der von 2006 bis 2011 von der Deutschen Forschungsgemeinschaft finanzierten Emmy-Noether-Nachwuchsgruppe „Liebe, Arbeit, Anerkennung – Anerkennung und Ungleichheit in Doppelkarriere-Paaren" (Wi2142/2-1, 3-1). Paare, Anerkennung und Ungleichheiten ließen uns seitdem nicht mehr los. Derzeit forschen wir mit Paaren und Paarbefragungen unter anderem im Projekt „Ungleiche Anerkennung? ‚Arbeit' und ‚Liebe' im Lebenszusammenhang prekär Beschäftigter" (Wi2142/5-1). Letztlich in diesem Projektkontext ist nun auch das vorliegende Buch entstanden, das bereits seit vielen Jahren geplant war.

Doch es hat eine noch längere Entstehungsgeschichte, nimmt doch die systematische soziologische Beschäftigung mit Paarbeziehungen von Christine Wimbauer ihren Ausgangspunkt bereits 1999. Damals startete das Teilprojekt B6 „Gemeinsam leben, getrennt wirtschaften – Grenzen der Individualisierung in Paarbeziehungen" des SFB 536 „Reflexive Modernisierung" an der LMU München. In dem Projekt unter der Leitung von Jutta Allmendinger, Werner Schneider und Wolfgang Ludwig-Mayerhofer wurden – damals sehr innovativ – Paare gemeinsam nach ihren Geldarrangements und nach der Bedeutung von Geld in Paarbeziehungen befragt. Auch wurden intensiv methodische und methodologische Fragen über Paarinterviews diskutiert, die seit Projektbeginn in einem Methodenbuch festgehalten werden sollten.

Ich (Christine Wimbauer) danke daher den damaligen Projektleiter*innen[1] für die langjährigen, kenntnisreichen, inspirierenden und innovativen Diskussionen. In den folgenden Jahren leitete ich selbst verschiedene Projekte, in denen Paare befragt wurden und in denen die damaligen Überlegungen weitergeführt wurden (ausführlich siehe Ende der Einleitung): Neben den bereits genannten Projekten ein von 2014 bis 2017 von der Stiftung Mercator Research Center Ruhr (MERCUR) gefördertes Projekt zu „Väter in Elternzeit. Aushandlungsprozesse zwischen Paarbeziehung und Betrieb" (Pr-2013-0016) (gemeinsame Leitung mit Michael Meuser, Ilse Lenz und Katja Sabisch) und zwei Lehrforschungsprojekte zu „Prekäre Beschäftigung, prekäre Lebenszusammenhänge" (2012/2013 an der Universität Duisburg-Essen und 2014/2015 an der Eberhard Karls Universität Tübingen).

Ich (Christine Wimbauer) danke daher nochmals Jutta Allmendinger, an dieser Stelle dafür, dass sie mich erst ‚zu den Paaren' gebracht hat, sowie Werner Schneider für eine umfassende methodologische und methodische ‚Paarausbildung' und für seine kritische Lektüre des Buchmanuskriptes. Beide Verfasserinnen danken weiter der Deutschen Forschungsgemeinschaft, die die meisten der genannten Projekte finanziert hat, sowie der Stiftung Mercator. Instruktive method(olog)ische Diskussionen führten wir auch mit Anke Spura in der Emmy-Noether-Nachwuchsgruppe, mit Stefanie Aunkofer in dem Projekt zu Vätern in Elternzeit sowie mit Almut Peukert und Julia Teschlade u. a. im Rahmen verschiedener bereits laufender oder bald beginnender Projekte zu Familien-/Gründungen jenseits der heterosexuellen Normalfamilie, wofür wir uns bedanken möchten. Herzlich danken möchten wir auch Michael Meuser und Almut Peukert für die kritische Lektüre des Manuskriptes und für hilfreiche Hinweise und Anregungen, Lilian Hümmler für akribisches Korrekturlesen, Leoni Linek und Franziska Baum für ihre großartige Hilfe (nicht nur) in der Endphase und ihnen wie auch den weiteren Teilnehmer*innen unseres Colloquiums für viele konstruktive Hinweise. Auch danken wir uns wechselseitig, sozusagen in reziproker Anerkennung, für die langjährige, immer äußerst produktive und konstruktive Zusammenarbeit und für umfassende und

---

1 Wir verwenden in dem vorliegenden Buch das Sternchen, um Folgendes sprachlich zu markieren: Wenn wir von Geschlecht, ‚Männern' und ‚Frauen' sprechen, gehen wir nicht von feststehenden, binären Geschlechterkategorien und Geschlechteridentitäten aus. Geschlecht ist nach unserem Verständnis eine sehr wirkmächtige soziale Konstruktion, was sich nicht nur auf *gender* im Sinne des sozialen Geschlechtes bezieht, sondern auch auf *sex* als das biologische Geschlecht. Die Bezeichnungen ‚Männer' und ‚Frauen' beziehen sich auf wirkmächtige gesellschaftliche Zuordnungen zu den beiden Genusgruppen, nicht auf die Selbstbeschreibungen der Personen, die von dieser Einordnung abweichen können. Zudem werden von dieser binären heteronormativen Einteilung abweichende Formen von Geschlecht und Begehren ausgeschlossen.

anregende Diskussionen. Katrin Emmerich sei sehr gedankt für ihre große Geduld, Unterstützung und die so kompetente wie freundliche Betreuung seitens des Springer VS Verlages. Schließlich danken wir all den befragten Paaren, die unsere inhaltlichen Forschungen erst ermöglicht haben. Ohne ‚unsere Paare' wäre uns schließlich auch die Aneignung unserer methodenpraktischen Erfahrungen nicht möglich gewesen. Wir hoffen, den Leser*innen hiermit hilfreiche Hinweise und Anregungen bieten zu können.

Einige zentrale Überlegungen des Buches finden sich bereits in dem Aufsatz Wimbauer, Christine und Mona Motakef (2017): Das Paarinterview in der soziologischen Paarforschung. Method(olog)ische und forschungspraktische Überlegungen [87 Absätze]. In: Forum Qualitative Sozialforschung / Forum: Qualitative Social Research, 18 (2), Art. 4, http://nbn-resolving.de/urn:nbn:de:0114-fqs170243. Das Buch ist jedoch inhaltlich deutlich erweitert und um zahlreiche praktische Beispiele ergänzt.

Berlin/Bremen, 13. März 2017   Christine Wimbauer und Mona Motakef

Einleitung: Warum Paare, warum Paarinterviews? 1

1.1 Von der soziologischen Paarvergessenheit zur Entdeckung der Paare

Schon in Platons berühmten Mythos von den einst vierbeinigen und vierarmigen Kugelmenschen, die von Göttervater Zeus vor langer Zeit mit Gewalt entzwei geteilt worden sind, kommt ein bis heute höchst wirkmächtiges Paarnarrativ zum Ausdruck: Seitdem würden die Menschen verzweifelt und sehnsüchtig ihre einst verloren gegangene Hälfte suchen, um in der Paarvereinigung wieder zu der ursprünglichen Ganzheit zu werden.[2] Bis in die Gegenwart kann das Leben in heterosexuellen Paarbeziehungen als eine grundlegende kulturelle Selbstverständlichkeit des globalen Nordens gefasst werden.[3] Nichtsdestotrotz haben Paarbeziehungen in der Soziologie lange Zeit keine systematische Berücksichtigung erfahren, sieht man von wenigen Klassikern wie Georg Simmel ab. Paare wurden nicht in der allgemeinen Soziologie, sondern allenfalls in der Familiensoziologie in Form von Ehepaaren betrachtet und galten als „Randthema der Familienforschung" (Lenz 2009: 11ff., 2014: 54). Das eigentliche Interesse galt Familien, also der intergenerationalen Einheit, und nicht dem Ehe- oder Elternpaar als *Paar*. Im deutschsprachigen Raum

---

2   Die platonischen Kugelmenschen sind übrigens, was aber selten in der Rezeption Beachtung findet, in etwa zu zwei Dritteln nicht zweigeschlechtliche, sondern eingeschlechtliche Kugelmenschen (rein männlich oder rein weiblich), etwa ein Drittel der Kugelmenschen sind sogenannte Hermaphroditen (zur Hälfte weiblich, zur Hälfte männlich). Nur dieses Drittel sucht also, glaubt man dem Mythos, nach seiner andersgeschlechtlichen zweiten Hälfte, während zwei Drittel gleichgeschlechtlich orientiert sind.
3   Dies wird von kritischen Wissenschaftler*innen als eurozentrisch kritisiert, da Formen des Zusammenlebens jenseits des heterosexuellen (Eltern-)Paares als abweichend klassifiziert werden. Auch sexual-politische Bewegungen seit den 1960er Jahren und die aus ihnen entstandenen Queer Studies zeigen diese vermeintliche kulturelle Selbstverständlichkeit als paar- und heteronormativ auf und kritisieren dies.

beschäftigten sich erst 1965 Peter L. Berger und Hansfried Kellner explizit mit dem Ehepaar. Seit etwa 1980 gewann in der deutschsprachigen Familiensoziologie die sogenannte Pluralisierung von Familienformen vermehrte Aufmerksamkeit und wurde seitdem vielfältig erforscht. War in den westlichen Bundesländern während des *golden age of marriage and the family* (vgl. Sieder 1987: 243ff.), also in der Zeit von etwa 1950 bis 1970, das Normalfamilienmodell inklusive seines geschlechterungleichen Arrangements aus männlichem Ernährer und weiblicher Hausfrau/Zuverdienerin vorherrschend, so traten seitdem vermehrt Lebensformen auf wie Doppelverdiener- oder Doppelkarriere-Paare, Familienernährerinnen-Paare, kinderlose Paare, Living-Apart-Together Paare, Lebensabschnittsgefährt*innen, Alleinerziehende, binationale Paare, gleichgeschlechtliche Paare, polyamoröse Beziehungen und anderes mehr. Mit diesem gesellschaftlichen Wandel und den Veränderungen der als legitim geltenden Formen des Zusammenlebens,[4] in deren Rahmen Paarbeziehungen als eigenständige und dauerhafte Beziehungsform – und nicht nur als Vorstufe zur Familie – an Bedeutung gewonnen haben, stieg auch in der Soziologie die Aufmerksamkeit gegenüber Paaren (vgl. auch Lenz 2009: 9ff.). Mit Beginn der 1990er Jahre kam es schließlich in Deutschland zu den Anfängen einer Institutionalisierung einer Soziologie der Paarbeziehungen, welche das Paar als eine *eigenständige* Analyseeinheit fasst und in den Mittelpunkt rückt (früh exemplarisch Lenz 2009, Burkart 1997). Anders als bei einem methodologischen Individualismus, der soziale Phänomene aus individuellem Handeln aggregiert, oder einem methodologischen Kollektivismus, der das Handeln der Einzelnen makrosoziologisch ableitet, bildet die intersubjektive Konstitution und damit *Relationalität* des Sozialen[5] hier die (sozial-)theoretische und methodologische Grundannahme. Analyseeinheit sind demnach nicht einzelne Individuen, sondern *Individuen-in-Beziehungen* (u. a. Wimbauer 2003, Wimbauer/Henninger/Spura/Motakef 2010).

In der Forschung lässt sich seit den 1990er Jahre ein stetig wachsendes Interesse an Paarbeziehungen ausmachen, was für die nichtstandardisierte Sozialforschung (siehe Kapitel 4) gilt wie auch für die standardisierte Sozialforschung, etwa mit Blick auf Fragen von Familiengründungsprozessen, innerfamilialer Arbeitsteilung,

---

4 Familienformen waren auch während und vor dem *golden age of marriage and the family* plural, beispielsweise existierten immer auch Alleinerziehende, Verwitwete, kinderlose Paare oder unverheiratete Menschen, jedoch waren sowohl die zahlenmäßige Verbreitung als auch die gesellschaftliche Legitimation dieser von der Normalfamilie abweichenden Lebensformen in den 1960er und 1970er Jahren geringer als heute. Männliche Homosexualität galt sogar nach § 175 StGB bis 1994 als Straftat.

5 Dies ist selbstverständlich kein Alleinstellungsmerkmal der soziologischen Paarforschung, sondern entspricht den grundlegenden Annahmen qualitativer Forschung.

Vereinbarkeit von Beruf und Familie oder der Vereinbarkeit zweier Karrieren (exemplarisch: Blossfeld/Drobnič 2001, Diewald/Böhm/Graf/Hoherz 2013, Passett-Wittig 2017, Rusconi/Solga 2007, 2011, Schulz/Blossfeld 2006, Solga/Wimbauer 2005, früh das *Bamberger Ehepaar Panel* und prominent das 2008 gestartete Beziehungs- und Familienpanel *pairfam: Panel Analysis of Intimate Relationships and Family Dynamics,* exemplarisch Huinink/Brüderl/Nauck/Walper/Castiglioni/Feldhaus 2011) sowie in kombinierenden Ansätzen (exemplarisch die *Cornell Couples and Career Study,* Moen 2003, oder etwa Huinink/Röhler 2005, Rusconi/Solga 2011, Rusconi/Wimbauer/Motakef/Kortendiek/Berger 2013).

1.2 Zum Sinn und Zweck von Paarinterviews

Empirische Studien, die sich im interpretativen Paradigma (vgl. hierzu knapp Kapitel 1.5) verorten, verwenden seit etwa 15 bis 20 Jahren zunehmend Paarinterviews als Erhebungsinstrument, denn mittels Paarinterviews lassen sich einige besondere Erkenntnisinteressen verfolgen und spezifische Fragestellungen gegenstandsangemessen und methodenadäquat analysieren. Gerade, wenn *das Paar als (emergente) Einheit und die Paarebene als solche* den Fokus des Forschungsinteresses bilden, bieten gemeinsame Paarinterviews gegenüber Einzelinterviews mit einem der Partner*innen oder mit beiden getrennt voneinander deutlich mehr Erkenntnismöglichkeiten. Sind Einzelinterviews dazu geeignet, Narrationen über bestimmte Aspekte des eigenen oder gemeinsamen Lebens zu erheben, so erlauben Paarinterviews zusätzlich, das Paar *als* Paar zu untersuchen: Im gemeinsamen Interview lassen sich auch die *Interaktionen zwischen den Partner*innen* (vgl. Allan 1980) und die *Paarperformances* (vgl. Stempfhuber 2012, Przyborski/Wohlrab-Sahr 2014) erfassen. Paarinterviews stellen immer auch „Beobachtungsgelegenheiten" (Hirschauer/Hoffmann/Stange 2015: 4) dar, bei denen sich „Paare dabei beobachten lassen, wie sie kommunikativ darin kooperieren und konkurrieren, ihre Geschichte zu konstruieren" (Hirschauer et al. 2015: 62). Hierbei lassen sich auch die geteilten oder nicht geteilten Wirklichkeitskonstruktionen und -deutungen von Paaren als ein „doing couple" (Schneider/Ludwig-Mayerhofer/Wimbauer/Allmendinger/Kaesler 2002: 3) sowie Aushandlungsprozesse, Macht- und Ungleichheitsverhältnisse *in situ* einfangen (vgl. Schneider et al. 2002, Wimbauer 2003, 2012, Wimbauer et al. 2010, Wimbauer/Motakef 2017).

Zwar erfreut sich das Paarinterview als Erhebungsinstrument – wegen dieser Vorzüge – seit etwa Mitte der 1990er Jahre einer wachsenden Beliebtheit. Allerdings wurden Paarinterviews bis in die 1990er Jahre nur spärlich herangezogen und werden auch heute noch deutlich seltener verwendet als Einzelinterviews.[6] Dies liegt einmal daran, dass gemäß dem in der standardisierten Sozialforschung verbreiteten methodologischen Individualismus oft die einzelnen Individuen als „natural unit of investigation" (Allan 1980: 206) gefasst wurden bzw. werden, hingegen wir von einem methodologischen *Relationalismus* ausgehen (vgl. hierzu u. a. Ludwig-Mayerhofer et al. 2001, Schneider et al. 2002, Wimbauer 2003, 2012). Ein solcher methodologischer Relationalismus richtet „den Blick auf die *Paarbeziehung* als Realität sui generis, auf die Individuen in Beziehungen und auf deren wechselseitige Verflechtung" (Wimbauer 2003: 137). Ein weiterer Grund für die seltene Verwendung von Paarinterviews dürfte der bis heute im deutschsprachigen Raum existierende Mangel an ausführlichen und systematischen methodologischen und methodischen Ausführungen sein; auch im englischsprachigen Raum ist das Paarinterview kein Standarderhebungsinstrument. Die wenigen vorliegenden Publikationen (etwa Allan 1980, Arksey 1996, Bjørnholt/Farstad 2012, Hirschauer et al. 2015, Lauer 2011, Seymour/Dix/Eardley 1995, Stempfhuber 2013, Valentine 1999 und Fußnote 6) und Arbeitspapiere (Behnke/Meuser 2003, Schneider et al. 2002, Ludwig-Mayerhofer et al. 2001, Wimbauer et al. 2010) beschäftigen sich nur mit ausgewählten Aspekten. In vielen Monographien, die auf Paarinterviews beruhen, finden sich in Methodenkapiteln nur wenige methodische Erläuterungen zum Design und in fast allen Fällen keine weiterführenden methodologischen Überlegungen. Ebenso enthalten die gängigen Methoden-Lehrbücher üblicherweise keine Ausführungen zu Paarinterviews, als wenige Ausnahmen lassen sich etwa Przyborski/Wohlrab-Sahr (2014) und Kruse (2015) anführen.[7]

---

6   In der *standardisierten Sozialforschung* werden, selbst wenn es um Paare *als* Paare geht, die Partner*innen allemal nicht gemeinsam, sondern mittels getrennter Fragebögen befragt, da in standardisierten Verfahren, so Jan Kruse, „der Erhebungsgegenstand stets nur eine Zielperson sein kann: das *Paar als solches* kann nicht antworten, da es keine eigene Stimme hat" (Kruse 2015: 160, Hervorh. im Orig.). Zwar könnte ein Paar gemeinsam einen Fragebogen ausfüllen, jedoch wäre der Erkenntnisgewinn – jedenfalls mit Blick auf Interaktionen und Aushandlungen – wenig ausgeprägt. Uns sind keine Forschungen mit einem Design bekannt, in dem die Partner*innen gemeinsam schriftlich befragt werden. Zunehmend wird das gemeinsame Paarinterview oder das dyadische Interview allerdings in der englischsprachigen Gesundheitsforschung, besonders zu chronischen Krankheiten, verwendet, etwa Braybrook/Mróz/Robertson/White/Milnes (2017), Morgan/Ataie/Carder/Hoffmann (2013), Morris (2001), Polak/Green (2016), Taylor/de Vocht (2011) sowie von Forscher*innen in helfenden Berufen (einen Überblick hierzu liefern Wilson/Onwuegbuzie/Manning 2016).

7   Auch das jüngst erschienene knappe Lehrbuch von David L. Morgan (2016) beschäftigt sich an einigen Stellen mit Paarinterviews, zielt aber breiter auf Dyadische Interviews

1.3 Ziele und Aufbau des Buches

In unserem Lehrbuch möchten wir daher explizit das Paarinterview als Erhebungsinstrument der interpretativen Sozialforschung und insbesondere der derart orientierten soziologischen Paarforschung in den Mittelpunkt rücken. Ziele sind, die besonderen Erkenntnismöglichkeiten von Paarbefragungen – also von mündlichen Interviews mit beiden Partner*innen gemeinsam – darzulegen, methodologische und methodenpraktische Überlegungen anzustellen sowie Grenzen der Anwendbarkeit von Paarinterviews und offene Fragen aufzuzeigen. Hierzu wird im zweiten Kapitel zuerst einführend ein kurzer Blick auf die Entstehungsgeschichte der Paarforschung in der deutschsprachigen Soziologie geworfen, wobei wir besonderes Augenmerk auf die Klassiker Berger und Kellner (1965) legen, die auch heute noch die Paarforschung informieren können (Kapitel 2.1). In dem zentralen Kapitel 2.2.3 stehen die spezifischen Erkenntnisinteressen und Erkenntnismöglichkeiten von Paarinterviews im Mittelpunkt, die teils aus den vorhergehenden Ausführungen abgeleitet und teils neu entwickelt werden. Vorgelagert ist diesem methodologischen Kernstück des Buches eine kurze Beschäftigung mit methodologischen Ausführungen zu Interviews generell (2.2.1), soweit sie für unsere Argumentationen notwendig sind,[8] und eine Abgrenzung des Paarinterviews gegenüber Einzelinterviews sowie kollektiven Erhebungsinstrumenten (2.2.2). Zuletzt thematisieren wir Schwächen des Paarinterviews (2.2.4).

In Kapitel 3 stellen wir ausgewählte bisherige Anwendungen von Paarinterviews und empirisch untersuchte Themen im deutschsprachigen Raum vor. Diese Vorstellung kann, wenngleich die gegenwärtige deutschsprachige nichtstandardisierte Paarforschung noch relativ überschaubar ist, nicht vollständig erfolgen. Vielmehr dient sie einem kursorischen Überblick, um zu veranschaulichen, welches Portfolio an Themen und Fragen mittels des Erhebungsinstrumentes bearbeitbar ist beziehungsweise bisher bearbeitet wurde. Dies heißt mitnichten, dass andere Themen nicht untersuchbar wären. Vielleicht finden manche Leser*innen eine der noch vielen inhaltlichen Forschungslücken, die sie füllen möchten. Zudem greifen wir auch deswegen auf exemplarische Inhalte zurück, da bei der Paarforschung Methode

---

(siehe auch Kapitel 2.2.2.3). Paarinterviews und Dyadische Interviews weisen einige Gemeinsamkeiten, aber auch wichtige Unterschiede auf.

8   Methodische und methodologische Ausführungen zu Interviews generell stehen nicht im Zentrum des vorliegenden Buches. Wer mehr hierüber erfahren will, sei auf andere Lehrbücher und Ausführungen verwiesen, etwa – um nur eine kleine Auswahl zu treffen – auf Przyborski/Wohlrab-Sahr (2014), Kruse (2015), Helfferich (2009), Bohnsack (2014), Rosenthal (2015), Strübing (2013), Küsters (2009), Flick (2007), Flick/von Kardorff/Steinke (2008), Schütze (1983) u.v.a.m.

und Inhalt oft besonders eng verknüpft und in der Darstellung der Methode schwer zu trennen sind. Die methodischen Ausführungen sollen daher an der einen oder anderen Stelle mit inhaltlichen Beispielen veranschaulicht werden, was unseres Erachtens gerade bei den methodenpraktischen Fragen hilfreich ist.

Dennoch liegt der Schwerpunkt des Buches auf *methodologischen, methodischen und methodenpraktischen* Fragen zum Paarinterview, die in den weiteren Kapiteln im Zentrum stehen. Kapitel 4 widmet sich einer Reihe von methodischen und methodenpraktischen Fragen der Anwendung, Anwendbarkeit und Durchführung, wobei wir auch methodologische Ausführungen anstellen. Hierbei versuchen wir, vorwiegend solche Aspekte zu thematisieren, die spezifisch für Paarinterviews sind oder sich hier ausgeprägter zeigen als in Einzelinterviews. Es ist nicht zu verhindern, an manchen Stellen auch Aspekte zu benennen, die für alle Arten von Interviews gelten, aber dennoch als bedeutsam erscheinen. Auch hier gilt, dass wir keine umfassende Anleitung zur Interviewführung im Allgemeinen geben können; dies wird bereits in anderen Werken dargelegt (etwa instruktiv von Helfferich 2009). Der Ablauf folgt weitgehend dem Forschungsprozess: Wir beginnen mit dem Sampling und der Paarrekrutierung (4.1), beschäftigen uns mit der Art des Interviews, ausführlich mit seinem Ablauf und der Gesprächsorganisation sowie mit der Leitfadenkonstruktion, der Zusammensetzung des Interviewendenteams und der dem Interview möglichst vorhergehenden Interviewendenschulung (4.2). Kapitel 4.3 thematisiert knapp mögliche Schwierigkeiten und Herausforderungen bei der Durchführung des Interviews sowie beim Umgang mit Mehrsprachigkeit. Kapitel 4.4 ist kurzen Ausführungen zur Transkription gewidmet und Kapitel 4.5 stellt einige exemplarische Auswertungsmethoden vor. Kapitel 5 beschäftigt sich mit der Kombination von Paarinterviews mit anderen Erhebungsformen. Ausführlich werden hier zusätzliche Einzelinterviews und Überlegungen zur Reihenfolge von Paar- und Einzelinterviews vorgestellt (5.1.1); eher kursorisch werden andere Interviewformen (5.1.2) und die Datentriangulierung mittels weiterer Datenquellen wie Beobachtungen benannt (5.2). In Kapitel 6 wenden wir uns den methodischen und methodologischen Grenzen von Paarinterviews zu, fassen knapp die besonderen Erkenntnismöglichkeiten zusammen und schließen mit offenen methodologischen und methodischen Fragen.

1.4 Empirische Grundlagen des Buches

Bei unseren Ausführungen greifen wir auf die wenige vorhandene Literatur zu Paarbefragungen im vorwiegend deutschsprachigen, aber auch im englischsprachigen Raum zurück. Zudem schöpfen wir aus unseren eigenen langjährigen

1.4 Empirische Grundlagen des Buches

Erfahrungen mit Paarinterviews. Wie im Vorwort bereits kurz erwähnt, handelt es sich um folgende Projekte:

Erstens das Teilprojekt B6 „Gemeinsam leben, getrennt wirtschaften – Grenzen der Individualisierung in Paarbeziehungen" des SFB 536 Reflexive Modernisierung an der LMU München.[9] In der ersten Phase wurden elf Zweiverdiener-Paare in umfangreichen teilbiographisch-narrativen Paar- und später folgenden Einzelinterviews mit beiden Partner*innen befragt, um aus einer Geschlechter- und Ungleichheitsperspektive die Bedeutung von Geld in Paarbeziehungen zu untersuchen. Ausgangspunkt war die (bezweifelte) Annahme, dass die zunehmende Verfügung über eigenes Geld von Frauen* im Zuge von Individualisierungsprozessen auch zu mehr Macht im Paar führen würde. In der zweiten und dritten Phase wurden unter anderem Wiederholungsbefragungen durchgeführt sowie in der dritten Phase eine neue standardisierte Erhebung vorgenommen. Zu einigen Projektergebnissen siehe Kapitel 3.2 und Allmendinger/Ludwig-Mayerhofer/von Stebut/Wimbauer (2001), Allmendinger/Ludwig-Mayerhofer/Schneider/Wimbauer (2004), Hirseland/Herma/Schneider (2005), Hirseland/Schneider/Wimbauer (2005), Ludwig-Mayerhofer et al. (2002), Ruiner (2010), Schneider/Hirseland/Ludwig-Mayerhofer/Allmendinger (2005); Schneider/Wimbauer/Hirseland (2006), Schneider/Hirseland/Allmendinger/Wimbauer (2007), Wimbauer (2003), Wimbauer/Schneider/Ludwig-Mayerhofer (2002).

Zweitens die von 2006 bis 2011 laufende Emmy-Noether-Nachwuchsgruppe „‚Liebe', Arbeit, Anerkennung – Anerkennung und Ungleichheit in Doppelkarriere-Paaren" (Wi2142/2-1, 3-1), in der elf sogenannte Doppelkarriere-Paare in ausführlichen, teilbiographisch-narrativen Paarinterviews und folgenden Einzelinterviews zu (ungleicher) wechselseitiger Anerkennung, zum Verhältnis und der Bedeutung von ‚Arbeit' und ‚Leben'/‚Lieben' sowie zu den verschiedensten Lebensbereichen befragt wurden (ausführlich siehe Kapitel 3.2, Wimbauer et al. 2010). Einige zentrale Projektergebnisse finden sich in Gottwald/Wimbauer (2009), Gottwald (2014), Spura (2014), Wimbauer/Henninger/Gottwald (2007), Wimbauer/Henninger/Spura (2007) und Wimbauer (2012).[10]

---

9 Das Projekt unter der Leitung von Jutta Allmendinger, Werner Schneider und Wolfgang Ludwig-Mayerhofer unterteilte sich in drei Phasen, die erste – in der Christine Wimbauer mitarbeitete – von 1999 bis 2002, die zweite von 2002 bis 2005 und die dritte von 2005 bis 2009. Weitere Projektmitarbeiter*innen waren u. a. Brigitte Rudolph, Riccarda Höft, Tatjana Rosendorfer, Holger Herma, Andreas Hirseland und Caroline Ruiner.

10 Das Projekt unter der Leitung von Christine Wimbauer war 2006 und 2007 an der FAU Erlangen-Nürnberg, 2008-2010 am Wissenschaftszentrum Berlin (WZB) und 2011 an der Universität Duisburg-Essen angesiedelt. Mitarbeiter*innen waren u. a. Anke Spura, Markus Gottwald und Mona Motakef.

Drittens ein vom Mercator Research Center Ruhr (Mercator)gefördertes Projekt zu „Väter in Elternzeit. Entscheidungs- und Aushandlungsprozesse zwischen Paarbeziehung und Betrieb" (Pr-2013-0016,)[11] in dem ebenfalls narrative Paarinterviews, jedoch keine Einzelinterviews mit 16 Paaren geführt wurden und in dem neben den im Titel genannten Aushandlungen auch die Männlichkeits- und Vaterschaftskonzepte der Väter rekonstruiert werden.

Viertens wurden in zwei zwei- bzw. dreisemestrigen Lehrforschungsprojekten mit dem Titel „Prekäre Beschäftigung, prekäre Lebenszusammenhänge" zwischen 2012 und 2013 an der Universität Duisburg-Essen zwei Paare und von 2014 bis Ende 2015 an der Eberhard Karls Universität Tübingen (mit Sarah Speck) vier Paare in etwas kürzeren, teilleitfadengestützten narrativen Paarinterviews befragt.

Schließlich forschen beide Verfasserinnen derzeit im Projekt „Ungleiche Anerkennung? ‚Arbeit' und ‚Liebe' im Lebenszusammenhang prekär Beschäftigter" (Wi2142/5-1).[12] Hier wurden bisher ausführliche teilbiographische narrative Paarinterviews mit drei verschiedengeschlechtlichen Paaren und einem gleichgeschlechtlichen Paar geführt, in denen beide Partner*innen prekär beschäftigt sind (im Sinne von Niedrigeinkommen, Niedriglohn, Teilzeittätigkeit, flexibler und/ oder unsicherer Beschäftigung) sowie Interviews mit acht Personen, die nicht in einer Paarbeziehung leben. Von Interesse ist hier aus einer Anerkennungs- und Ungleichheitsperspektive, in welchem Verhältnis bei den Paaren und den ‚Singles' ‚Arbeit' und ‚Leben' stehen und wie sich die prekäre Beschäftigung im Lebenszusammenhang und im Kontext sozialer Nahbeziehungen zeigt.

1.5 Ein wissenssoziologisch-hermeneutischer und ‚relationaler' Ansatz – Methodologische Grundlagen

Das vorliegende Buch und unsere Projekte sind im interpretativen Paradigma (vgl. Keller 2012) verortet. Wir gehen dabei theoretisch, methodologisch und methodisch von den Annahmen einer *sozialkonstruktivistischen, subjektorientierten, sinnrekonstruktiv-verstehenden* sowie von einer explizit ‚relationalen' Perspektive

---

11 Die Laufzeit des Projektes war von 2/2014 bis 1/2017, es wird geleitet von Michael Meuser, Ilse Lenz, Katja Sabisch und Christine Wimbauer und ist an der TU Dortmund und der Ruhr Universität Bochum angesiedelt. Weitere Mitarbeiter*innen sind Stefanie Aunkofer und Benjamin Neumann.

12 Das Projekt hat eine Laufzeit von 5/2014 bis 9/2017. 2014 war es an der Eberhard Karls Universität Tübingen und seit 3/2015 an der Humboldt-Universität zu Berlin angesiedelt. Neben den beiden Verfasserinnen arbeitete Ellen Ronnsiek in dem Projekt.

1.5 Methodologische Grundlagen

aus. Hierbei werden die Paarbeziehung und die Individuen-in-Beziehungen in ihrer Relationalität, Verflechtung sowie Eingebundenheit in weitere gesellschaftliche Kontexte in den Mittelpunkt gerückt (vgl. hier und im Folgenden: Wimbauer 2003: 137-141, Wimbauer et al. 2010, Wimbauer 2012: 165-170).

Ausgehend von den Annahmen des Sozialkonstruktivismus (Berger/Luckmann 1969), der die Existenz einer objektiven, von den Individuen unabhängigen Wirklichkeit in Frage und deren soziale Konstruktion herausstellt, und anknüpfend an Max Webers verstehende Soziologie, die „soziales Handeln deutend verstehen und dadurch in seinem Ablauf und seinen Wirkungen ursächlich erklären will" (Weber 1972: 1), wird hier das sinnhafte soziale Handeln der Subjekte in den Mittelpunkt gerückt. Die methodologischen Grundlagen bestehen damit im Sozialkonstruktivismus und in der in Tradition des Symbolischen Interaktionismus stehenden Annahme sinnhaft handelnder Individuen, die – nach Georg Simmel (1992), William Isaac Thomas (1967), George Herbert Mead (1973) und Herbert G. Blumer (1969) – subjektiven Sinn erst in sozialen Interaktionen schaffen und wechselseitig bestätigen. Diesen durch die Subjekte in sozialen Interaktionen konstituierten subjektiven Sinn und den im Paar erzeugten intersubjektiven Sinn – oder in Tradition der Mannheimschen Wissenssoziologie: den in der Paargemeinschaft hergestellten kollektiven Sinngehalt – und die ebenso den Handlungen und Objekten zugeschriebenen Bedeutungen gilt es, mittels qualitativer Verfahren zu rekonstruieren.

Wir vertreten damit einen wissenssoziologisch-hermeneutischen Ansatz (vgl. Hitzler/Reichertz/Schröer 1999, Schröer 1994, Soeffner/Hitzler 1994, Soeffner 1999, 2000), der von mit Wissen ausgestatteten, sinnkonstituierenden und sinnverarbeitenden Handelnden ausgeht, die ihre Wirklichkeiten erst in Interaktionen herstellen. Hierbei spielen auch (makro-)strukturelle, institutionelle und kulturelle Aspekte eine wichtige Rolle, denn (inter-)subjektiver Sinn wird erst in Wechselwirkung mit der Gesellschaft hergestellt, etwa mit gesellschaftlich gültigen Normen und mit institutionalisierten Wissensbeständen (Berger/Luckmann 1969: 185). Letztgenannte können als strukturelle Handlungsbegrenzungen und -ermöglichungen wirken (etwa Luckmann 1999: 28, ähnlich auch Giddens 1984).

Zudem verfolgen wir einen relationalen Ansatz, der sich vom methodologischen Individualismus abgrenzt und den Blick auf Individuen-in-Beziehungen richtet. Wir blicken hierbei konkret auf die Paarbeziehung, die wir mit Simmel (1985 [1921/22]) verstehen als eine Realität *sui generis*, die nicht auf die einzelnen Individuen reduzierbar ist und die sich durch eine interaktive und zeitliche Dynamik und Prozesshaftigkeit auszeichnet. Weiter wird sie in Anlehnung an Berger und Kellner (1965) als Einheit verstanden, in der durch Interaktionen und Aushandlungen eine gemeinsame – geteilte oder nicht geteilte, stabile oder fragile – Wirklichkeit geschaffen wird, die wiederum rekursiv auf die Partner*innen (zurück) wirkt. Für diese Wirklichkeitskonstitution auf Paarebene sind auch Alltagspraktiken und Routinen – etwa des gemeinsamen Haushaltens (vgl. Kaufmann 1994, siehe Kapitel 2.1) – bedeutsam. Diese Alltagspraktiken und Routinen sind sinnhaft organisiert, auch wenn dieser Sinn vielfach sedimentiert und damit nicht immer im Bewusstsein präsent ist und in seinen Verweisungszusammenhängen latent bleiben kann. Schließlich wird die Erscheinungsform und Ausgestaltung der Paarbeziehung auch von gesellschaftlichen, kulturellen, institutionellen und organisationalen Faktoren geprägt. Insgesamt geht ein so verstandener ‚relationaler' Ansatz damit von einem komplex verknüpften Mehrebenenmodell aus: Im Mittelpunkt stehen – auf der Mikroebene – Individuen-in-Beziehungen, deren Paarbeziehung eine interaktiv konstituierte Realität *sui generis* darstellt. Diese wird von zwei Individuen, die sich durch individuelle Eigenschaften und Fähigkeiten sowie Interessen und Deutungen auszeichnen, intersubjektiv konstituiert. Sie ist schließlich in organisationale (Mesoebene), rechtliche, ökonomische, kulturelle und weitere gesellschaftliche Kontexte (Makroebene) eingebunden, die subjekt-, handlungs- und paarkonstitutionsrelevante Rahmenbedingungen darstellen.

Das vorliegende Buch ist keine vollständige Sammlung aller denkbaren Ausführungen zum Paarinterview, aber ein erster Schritt zu einer systematischen Bearbeitung und ein Plädoyer für eine stärkere Berücksichtigung von Paarinterviews in der Standardmethodenliteratur. Wir möchten hiermit sowohl einen Beitrag zum methodischen und methodologischen Forschungsstand leisten als auch unsere praktischen Erfahrungen an die wachsende Zahl an Paar-Forscher*innen weitergeben. Wir hoffen, mit dem Buch den Leser*innen nicht nur bisweilen etwas trockene methodologische Fragen bezüglich des Gegenstandes zu vermitteln, sondern angesichts der langjährigen Forschungspraxis und mittels empirischer Beispiele auch etwas anschaulicher und womöglich kurzweilig aus dem methodenpraktischen ‚Nähkästchen' plaudern zu können. Etwaige Lücken stehen in unserer eigenen Verantwortung und wir nehmen jederzeit gerne Anregungen zur Erweiterung auf.

Erkenntnismöglichkeiten von Paarinterviews 2

In Kapitel 2.2 wenden wir uns einem Kernstück des Buches zu: der Frage danach, welche Phänomene und Fragen sich mittels Paarinterviews besonders angemessen untersuchen lassen. Zuvor richten wir unseren Blick zurück zu einigen soziologischen Klassikern und den Anfängen der soziologischen Paarforschung im deutschsprachigen Raum, bei denen Berger und Kellner (1965) eine herausragende Rolle spielen (2.1). In diesem Abriss sind bereits einige zentrale Themen angelegt, die auch von der gegenwärtigen soziologischen Paarforschung bearbeitet werden.

2.1 Zur Institutionalisierung einer Soziologie des Paares im deutschsprachigen Raum seit den 1960er Jahren

Wie in der Einleitung dargelegt, war die Soziologie die längste Zeit paarblind. Von den Klassikern zeigte zwar Simmel (1985 [1921/1922]) in seinem „Fragment über die Liebe" die Emergenz von Liebesbeziehungen auf und plädierte dafür, Paarbeziehungen als einen genuinen und eigenständigen Gegenstand soziologischer Analysen zu betrachten; auch Leopold von Wiese (1966) brach in seiner Beziehungslehre hierfür eine Lanze. Dies fand aber in der Soziologie lange Zeit wenig Gehör – Paarbeziehungen waren soziologisches Brachland und gerieten später in die disziplinäre Zuständigkeit der Psychologie. Die Familiensoziologie interessierte sich nur für die Ehe, die meist mit der Familie (vgl. Schneider 2002) gleichgesetzt wurde. Familie wiederum wurde gefasst als intergenerationaler Zusammenhang von zwei verheirateten, verschiedengeschlechtlichen erwachsenen (Ehe-)Partner/innen und ihren in der Regel leiblichen Kindern. Nicht zuletzt in Talcott Parsons strukturfunktionalistischem Verständnis von Familie und seinem Modell der Geschlechterkomplementarität wird die Vorstellung deutlich, die Gesellschaft erwarte von einem verheirateten Ehepaar vornehmlich, dass aus der wechselseitigen

Liebe Kinder hervorgehen und in der Familie zu ‚guten' Gesellschaftsmitgliedern sozialisiert werden (Parsons/Bales 1955, vgl. Burkart 1998: 32f.). In der englischsprachigen Forschung hat sich seit den 1980er Jahren eine Soziologie der *Personal Relationships* (Lenz 2009: 30) institutionalisiert. In der deutschsprachigen Forschung lässt sich erst seit den 1990er Jahren von der Entwicklung einer Soziologie der Paarbeziehungen sprechen (etwa von Burkart 1997). So finden sich erst seit kürzerer Zeit Plädoyers dafür, persönliche Beziehungen als eine Grundkategorie der Soziologie (Lenz 2009) zu etablieren und die Familiensoziologie von einer Soziologie der Familie zu einer Soziologie des ‚Paares' (Burkart/Koppetsch 2001), der ‚Paarbeziehungen' (Wimbauer 2003), der ‚Zweierbeziehung' (Lenz 2009), ‚intimer Beziehungen' (Hahn/Burkart 1998, 2000), ‚intimer Systeme' (Daub 1996), der ‚Liebe' (Burkart 1998) bzw. des ‚Privaten' (Schneider 2002) auszuweiten (vgl. Wimbauer 2003: 77).

Ein wesentlicher Ausgangspunkt, ja womöglich der Startschuss der deutschsprachigen Paarsoziologie ist fraglos die Abhandlung „Die Ehe und die Konstruktion der Wirklichkeit", die Berger und Kellner 1965 verfasst haben (vgl. hierzu auch Lenz 2014). Berger und Kellner arbeiten hier anschaulich die Ehe als ein zentrales nomosbildendes Instrument heraus, also den Herstellungscharakter der Wirklichkeit im Mikrokosmos Ehe. Sie verfolgen einen wissenssoziologisch-sozialkonstruktivistischen Ansatz in Tradition von Max Weber und seiner sinnverstehenden Soziologie, von George Herbert Meads Intersubjektivitätstheorie sowie der Phänomenologie von Alfred Schütz und Maurice Merleau-Ponty. Die Ehe sei ein „*dramatischer* Vorgang, bei dem zwei Fremde aufeinandertreffen und sich neu definieren" (Berger/Kellner 1965: 222, Hervorh. im Orig.). Die Ehe, so Berger und Kellner (ebd.: 227) weiter, sei als eine emergente Ordnung zu verstehen, denn in ihr werde eine neue, gemeinsame Wirklichkeit und Welt der Ehepartner als die füreinander „‚signifikanten anderen' par excellence" (ebd.: 226) geschaffen. Dies erfolge im ehelichen Gespräch, in welchem die „Definitionen der Wirklichkeit durch den einen (…) fortwährend in Korrelation zu denen des anderen gesetzt werden" (ebd.).

Die mittlerweile als Klassiker geltende Abhandlung kann als „ganz wesentliche Ideenquelle" (Lenz 2014: 53) für die deutschsprachige Paarsoziologie bezeichnet werden. Auch sie konzipiert Paare mit Simmel, Berger und Kellner als eine Realität *sui generis*, also als eine Entität, die mehr ist als die Summe ihrer Einzelteile und die sich durch Emergenz auszeichnet (vgl. auch Wimbauer 2003). Karl Lenz betont in einem „Jubelgesang" (Lenz 2014: 54) die Verdienste der Autoren: Berger und Kellner fassen erstens die Ehe als einen eigenständigen soziologischen Gegenstandsbereich, sie entwickeln zweitens mit der Wirklichkeitskonstruktion in Ehen einen per se soziologischen Blick auf den Gegenstand der Ehe und sie stellen drittens einen starken Theoriebezug her, zumal Berger und Kellner mit ihrer sozi-

2.1 Zur Institutionalisierung einer Soziologie des Paares

alkonstruktivistischen Perspektive zur Entwicklung einer soziologischen Theorie der Ehe beitragen möchten (ebd.). Entsprechend wurden die Ausführungen von Berger und Kellner mannigfaltig aufgegriffen, fortgeführt und weiter bearbeitet, vor allem in mikrosoziologisch-interaktionistischen Ansätzen der Paarsoziologie.

Trotz all dieser Verdienste können aber vom gegenwärtigen Standpunkt aus betrachtet auch einige Leerstellen ausgemacht werden, wobei ohne Frage der historischen Zeit, in der der Aufsatz verfasst wurde, Rechnung zu tragen ist (vgl. auch ebd.: 54ff.). Diesen Lücken hat sich die Paarforschung seitdem zugewendet.

Eine erste Leerstelle bezieht sich auf die *Ehenormativität*, nach der nur Ehen, jedoch keine unverheirateten Paare fokussiert werden. Hierbei ist allerdings der Entstehungskontext des Aufsatzes im *golden age of marriage and the family* zu bedenken; eine Zeit, in der unverheiratete Paare wenig gesellschaftliche Legitimität erfuhren und beispielsweise aufgrund des sogenannten ‚Kupplerparagraphen‘ oft nicht einmal eine gemeinsame Wohnung finden konnten. Zudem war damals bereits die Fokussierung der *Ehe* bahnbrechend, da diese bis dahin nicht als eigenständiger soziologischer Gegenstand galt (Lenz 2009: 11ff., 2014: 53). Heute ist es jedoch angesichts einer Pluralisierung von Lebensformen und eines Monopolverlustes der Ehe (ebd.: 55, Tyrell 1988) zu kurz gegriffen, ausschließlich Ehepaare in den Blick zu nehmen. Weiter ist auch die Eheschließung als Beginn einer gemeinsamen Wirklichkeitskonstruktion heute wenig plausibel, sondern, wenn überhaupt, wäre dies die Paarwerdung (vgl. Lenz 2014: 55f.).

Zweitens kann der Aufsatz als *heteronormativ* bezeichnet werden, was sicherlich auch der Entstehungszeit geschuldet ist, in der Homosexualität nicht legitim war. Diesbezüglich ist es heute geboten, homosexuelle Paare und Paare jenseits der heterosexuellen Norm einzuschließen.

Doch selbst wenn diese Erweiterungen vorgenommen werden, bleibt drittens ein besonderer dyadischer, konkret: *paarnormativer*, Fokus bestehen. Eine Schwierigkeit ist, dass damit Freundschaften und weitere soziale Nahbeziehungen der (Ehe-)Paarbeziehung in ihrer nomosbildenden Kraft nachgeordnet werden, wenngleich das (Ehe-)Paar auch bei Berger und Kellner nicht die einzige, aber die herausgehobene Sinnquelle darstellt. Diese Devaluation aller Umweltbezüge und die Zentralstellung der Ehepartner*innen, denen wechselseitig füreinander Höchstrelevanz zugesprochen wird, ist charakteristisch für das idealtypische Leitbild der romantischen Liebe und Ehe (Lenz 2009: 275ff., Tyrell 1987, Luhmann 1982). Allerdings ist dies heute nicht mehr unbedingt das leitende Beziehungsideal, denn angesichts eines Wandels von Intimität und Beziehungsleitbildern wird es mehr und mehr vom Konzept der „partnerschaftlichen Liebe" (Leupold 1983) oder der „pure relationship" (Giddens 1992) abgelöst. Hiernach wird von den Einzelnen im Paar und von der Gesellschaft erwartet, sich nicht nur mit und durch den*die Partner*in selbst zu verwirklichen, sondern auch jenseits des Paares mit und durch andere soziale Bezüge (vgl. Wimbauer 2003, 2012). Eine weitere Schwierigkeit ist, dass zwar damals die Ehe weit verbreitet – wenn auch nicht die einzige Lebensform – war, heute aber angesichts einer Pluralisierung von Lebensformen das Monopol der Ehe gebrochen ist: Menschen leben nicht nur in heterosexuellen Ehen bzw. der sogenannten Normalfamilie, sondern sie leben auch alleine, unverheiratet zusammen, in nicht lebenslangen oder nicht exklusiven Beziehungen, in gleichgeschlechtlichen oder nicht paarförmigen, teils queeren Sozialbeziehungen wie polyamorösen Formen (etwa Klesse 2007, 2014), Regenbogenfamilien (etwa Rupp 2011, Funcke/Thorn 2010), Mehrelternfamilien, freundschaftlichen Fürsorgegemeinschaften und anderem mehr.

Viertens steigt der *Aushandlungsbedarf*: Paarbeziehung und Familie verlieren zwar nicht grundsätzlich an Attraktivität, sie werden aber mehr und mehr durch konkurrierende Sinnangebote wie individuelle Selbstverwirklichung oder eine in Aussicht gestellte Subjektivierung qua Erwerbsarbeit herausgefordert (vgl. Wimbauer 2012). Auch werden Paarbeziehungen und ihre Ausgestaltung voraussetzungsvoller, nicht zuletzt beispielsweise wegen veränderter Geschlechterleitbilder, einer zunehmenden Orientierung an egalitären Beziehungs- und Elternschaftsleitbildern, wachsender Erwartungen an den*die Partner*in, vielfältiger Formen des Zusammenlebens und des Wandels von Erwerbsarbeit – etwa der steigenden Erwerbsbeteiligung von Frauen*, die durch den sozialstaatlichen Wandel vom Ernährer- zum Adult Worker Model auch zunehmend gefordert wird (etwa ebd.), sich ausbreitenden prekären Beschäftigungsverhältnissen (Motakef 2015) und wachsenden Vereinbarkeitserfordernissen. Dadurch vergrößert sich die Notwendigkeit von Aushandlungen, weil „Paare verbindliche Rollenvorgaben im geringeren Umfang zur Verfügung haben und sich auch ihre Autonomie-Ansprüche verstärkt haben" (Lenz 2014: 56) – und weil sich die tagtäglichen Herstellungsleistungen in der Paarbeziehung sowie im potentiellen Spannungsfeld von Nahbeziehungen und Erwerbsarbeit heute anspruchsvoller gestalten.

Fünftens ließe sich die Annahme in Frage stellen, dass es allein das (eheliche) *Gespräch* sei, das *wirklichkeitskonstituierenden* Charakter habe (früh kritisch hierzu Hahn 1983)[13]. Ohne Zweifel ist das gemeinsame Gespräch zentral für den

---

13 Wie Bruno Hildenbrand (2006: 194) feststellt, ist es nach Alois Hahn bei der Wirklichkeitskonstitution in Paaren, so wie Berger und Kellner sie als gesprächsbegründet konzeptualisieren, allein „mit dem Reden nicht getan. Dieses Reden muss auch auf einer Vertrauensbasis stehen, die im Wesentlichen auf Fiktionen beruht". Weiter stellt Hildenbrand fest, dass „die Paarbeziehung noch eines weiteren Strukturelements, der leiblichen Fundierung, bedarf", was weder Berger und Kellner noch Hahn erwähnen würden (ebd.). Wir kommen auf die leibliche Fundierung von Paarbeziehungen bei den praxistheoretischen und körpersoziologischen Arbeiten (u. a. Kapitel 3.2) zurück.

2.1 Zur Institutionalisierung einer Soziologie des Paares

wechselseitigen Austausch zwischen den Partner*innen und besitzt eine herausgehobene Bedeutung hinsichtlich der sinnkonstitutiven Gemeinsamkeiten (oder auch Nichtgemeinsamkeiten) – dies ist ja auch einer der zentralen Gründe, weshalb das Paarinterview eine besondere Stellung mit Blick auf die Rekonstruktion dieser Sinngenerierungsprozesse im Paar einnimmt. Jedoch muss neben dem gemeinsamen Gespräch – wie seit dem *practical turn* betont wird – wesentlich auch die Paar-Praxis, sei sie reflexiv oder präreflexiv, in ihrer Bedeutung für die Konstitution der Paarwirklichkeit(en) berücksichtigt werden. So kommt Jean-Claude Kaufmann (1994) in seiner berühmten Paarstudie (vgl. Kapitel 3.2), bei der er auch teilnehmende Beobachtungen anstellte, zu dem Ergebnis, dass viele Ungleichheiten mit Blick auf häusliche Arbeitsteilung in einem eigensinnigen Beharrungsvermögen des praktischen Handelns, sprich: der Macht der Gewohnheit, begründet liegen. Trotz einer diskursiven Orientierung an partnerschaftlicher Gleichheit schleiche sich in das alltägliche Handeln der Paare die Macht wortloser Routinen, von körperlichen Gesten und inkorporiertem Wissen ein, was er am Beispiel des Wäsche Waschens (ebd.) und Bügelns (Kaufmann 1999b) nachzeichnet. Nach Ansicht von Lars Evertsson und Charlott Nyman (2009) seien Rituale und Routinen sogar bedeutsamer als explizite Aushandlungen. Ob dies generell gilt, sei an dieser Stelle in Frage gestellt. Plausibler scheint es, mit Cornelia Koppetsch und Günter Burkart (1999) von unterschiedlichen Leitvorstellungen in unterschiedlichen Gruppen, bzw. nach Koppetsch und Burkart: Milieus, auszugehen. Nur das individualisierte Milieu sei diskursiv an Gleichheit orientiert, die aber auch dort nicht eingelöst werde, weshalb die Ungleichheiten dethematisiert würden. Das familistische Milieu sei an einer komplementären Geschlechterordnung orientiert und das traditionale Milieu kennzeichne sich durch eine hierarchische Sphärentrennung und einen rituellen Patriarchalismus, der auf diskursive Aushandlungen verzichte. Nichtdiskursive Praktiken sind also notwendigerweise zu berücksichtigen. Mehr oder weniger wichtig sind sicherlich Praktiken gemeinsamer Sexualität, ferner Freizeitaktivitäten, Interessen, gemeinsames materiales Wirtschaften und Leben einschließlich der Fragen nach (ungleicher) Arbeitsteilung, Hausarbeit, Fürsorgeleistungen usw. Mit diesen alltäglichen Praktiken gehen schließlich auch vielfältige, zwischen den Partner*innen interaktiv konstituierte Herstellungsleistungen im Paar einher. In der ethnomethodologischen Tradition von Harold Garfinkel (1967) sowie in Anlehnung an sozialkonstruktivistische, interaktionstheoretische Gender-Theorien handelt es sich hierbei etwa um das *doing gender* (u. a. West/Zimmerman 1987), das *doing family* (Jurczyk/Schier/Szymenderski/Lange/Voß 2009, Jurczyk/Lange/Thiessen 2014) oder das *doing intersubjective recognition* (Wimbauer 2012), die jeweils verbale und non-verbale, reflexive und präreflexive Aspekte einschließen.

Sechstens wurde der Ansatz dafür kritisiert, eine zu harmonische Perspektive einzunehmen und kein Augenmerk auf mögliche *Konflikte* zu legen. Auch *soziale Ungleichheiten* werden nicht in den Blick genommen, zudem kann der Ansatz als *geschlechterblind* bezeichnet werden. Nach Berger und Kellner sei die Ehe zwar „ein *dramatischer* Vorgang, bei dem zwei Fremde aufeinandertreffen und sich neu definieren" (Berger/Kellner 1965: 222, Hervorh. im Orig.), jedoch werden von den Autoren jenseits dieser ‚Dramatik' (mögliche) Konflikte nicht explizit erwähnt. Dies mag einerseits daran liegen, dass Berger und Kellner keine mikrosoziologisch-interaktionistische Analyse des Paares vorlegten, sondern letztlich eine wissenssoziologische Makrosoziologie der Ehe (Stichwort Nomos), welche die für die Moderne konstitutive Dichotomie von ‚Öffentlichkeit' und ‚Privatheit' und die Bedeutung der Ehe für die Konstitution und Stabilisierung derselben fokussiert. Andererseits ist auch hierbei die historische Zeit, in welcher der Aufsatz entstanden ist, zu bedenken: Mitte der 1960er Jahre, also eine Zeit, in der Ehen noch stabiler als heute waren (aber nicht unbedingt konfliktärmer und nicht weniger ungleich). Doch schon zu dieser Zeit wurden von feministischen Forscher*innen Ungleichheiten zwischen den Geschlechtern kritisiert, die mit dem bürgerlichen Ehe- und Normalfamilienmodell mitsamt deren ungleicher Arbeitsteilungs- und Anerkennungsordnung einhergingen und -gehen (z. B. Beck-Gernsheim 1980, Becker-Schmidt/Brandes-Erlhoff/Rumpff/Schmidt 1983, vgl. auch Wimbauer 2003, 2012). Nicht zuletzt dürften die Scheidungsraten – seit 2000 ist das Verhältnis von aktuellen Eheschließungen und Scheidungen etwa zwei zu eins (statista) – sowie die Zahl der Trennungen unverheirateter Paare darauf hinweisen, dass es den Partner*innen gerade nicht gelungen ist, eine gemeinsame Welt zu konstituieren und auf Dauer zu stellen. Die Schaffung einer gemeinsamen Welt mag im Gespräch gescheitert sein, angesichts häufig aufzufindender „Konsensfiktionen" (Hahn 1983, siehe unten) darüber hinaus und womöglich noch wichtiger auch in der alltäglichen Paar-Praxis: an einer ungleichen Arbeitsteilung, an mangelnder Anerkennung der*des anderen und damit an einem *doing inequality* im Paar. Insbesondere hinsichtlich dieser prozesshaften, interaktiven Herstellung von Geschlecht (*doing gender*), von Ungleichheiten (*doing inequality*) und von Geschlechterungleichheiten (*doing gender inequality*) ist der Aufsatz von Berger und Kellner leider nur wenig erkenntnisfördernd. Allerdings sind Paarbeziehungen ein höchst bedeutsamer Ort, an dem Geschlecht und Ungleichheiten zwischen den Geschlechtern und zwischen den Partner*innen erzeugt und reproduziert werden (Rusconi et al. 2013, Rusconi/Wimbauer 2013, Wimbauer 2012) – weshalb uns eine relational-interaktionistische Perspektive notwendig erscheint.

Eins, zwei, drei, viele gemeinsame Wirklichkeit/en? Anknüpfend an soziale Ungleichheiten und Konflikte ist siebtens zu fragen, ob theoretisch und empirisch von

2.1 Zur Institutionalisierung einer Soziologie des Paares

der Existenz *einer* geteilten Wirklichkeit ausgegangen werden kann. Es ist plausibel, anzunehmen, dass Fremdverstehen (Schütz 2004 [1932]) grundsätzlich nicht vollkommen möglich ist, dass also der subjektive Sinn von Ego, sprich: die Schütz'schen Konstruktionen erster Ordnung, von Alter und von den Forschenden immer nur im Ansatz nachvollzogen werden kann. Die Rekonstruktionen der Forschenden als Konstruktionen zweiter Ordnung (Schütz 1971 [1962]) stimmen also nie vollständig mit den Konstruktionen erster Ordnung überein. Entsprechend ist es das Ziel der interpretativen Sozialforschung, die Sinnkonstitution der Subjekte und ihre Dynamik verstehend nachzuvollziehen und zu rekonstruieren, und zwar als Rekonstruktion zweiter Ordnung. Dies soll nach Fritz Schütze, Werner Meinefeld, Werner Springer und Ansgar Weymann (1973) methodisch kontrolliert erfolgen, indem „der Differenz zwischen den Interpretationsrahmen der Forscher und denjenigen der Erforschten systematisch Rechnung getragen wird" (Przyborski/Wohlrab-Sahr 2014: 17). Hieraus ergeben sich weitere grundlagentheoretische und empirische Fragen: Ist es möglich, dass eine einheitliche gemeinsame Paarwirklichkeit existiert (verneint etwa von Eckert/Hahn/Wolf 1989)? Kann man ein Paar methodologisch als einheitlichen Akteur und eigenständige Sinngenerierungsinstanz verstehen (etwa Spura 2014)? Oder ist eher von einer in Abstimmung zwischen den Partner*innen hergestellten bloß ausschnitthaften gemeinsamen Welt(sicht) auszugehen, während sich einige Sichtweisen auch unterscheiden? Diesbezüglich arbeitete Hahn (1983) anhand einer quantitativen Studie von 300 jungen Ehepaaren, die gleichzeitig, aber getrennt voneinander in drei Wellen befragt wurden, das Konzept der Konsensfiktionen heraus. Hierbei beschäftigt sich Hahn, ausgehend von der Annahme eines hohen Konsensbedarfes in Kleingruppen und *a fortiori* in Ehepaaren (ebd.: 214f.), vorwiegend mit Konsensfiktionen. Demnach werde, wenn es im Paar keinen realen Konsens gebe, dieser Mangel durch eine beziehungsaufrechterhaltende Konsensunterstellung überbrückt, die allerdings wiederum einen „wirklichkeitserzeugenden Charakter" (ebd.: 229) habe. Diese fiktive Übereinstimmung sei wesentlich für die Aufrechterhaltung der Beziehungen, gelte hier doch die „Gemeinsamkeit zentraler Welt- und Lebensauffassungen, Erinnerungen, Normen, Werte, Einstellungen, Gefühle (…) als eigentliche Basis der Beziehung" (ebd.: 211).

Nicht explizit, aber implizit mit Blick auf Ungleichheiten führt Hahn aus, dass die „Konsensunterstellung zur Zumutung" (ebd.: 228) werden könne, besonders wenn ein*e Partner*in dadurch regelmäßig ohne Ausgleich benachteiligt werde. Dennoch werde sie oft aufrechterhalten, weil die „Wahrheit die Beziehung selbst aufs Spiel setzen würde (…). Der Verzicht auf ‚Entlarvung' wird dann als schwer, aber als alternativenlos empfunden" (ebd.).[14] Sowohl bei der Schaffung und Perpetuierung solcher Konsensfiktionen als auch bei Konflikten über Deutungshoheiten im Paar ist daher eine höchst bedeutsame ungleichheits- und paarsoziologische Frage, wer von den beiden Partner*innen die eigene Deutung im Paar diskursiv oder handlungspraktisch als hegemoniale durchsetzen kann und auf welchen Begründungen und Mechanismen diese Hegemonie beruht. Es ist eine der zentralen Stärken des Paarinterviews, dies rekonstruieren zu können (vgl. Allan 1980: 208).

Zuletzt möchten wir kurz unseren *Paarbeziehungsbegriff* bestimmen (vgl. Wimbauer 2003: 108f.). Mit Lenz' Konzept der Zweierbeziehung soll unter dem – hier vorgezogenen – Begriff der Paarbeziehung „ein Strukturtypus persönlicher Beziehung zwischen Personen unterschiedlichen oder gleichen Geschlechts verstanden werden, der sich durch einen hohen Grad an Verbindlichkeit (Exklusivität) auszeichnet, ein gesteigertes Maß an Zuwendung aufweist und die Praxis sexueller Interaktion – oder zumindest deren Möglichkeit – einschließt" (Lenz 2009: 48) sowie von relativer Dauer gekennzeichnet ist. Paarbeziehungen sind weiter charakterisiert durch die Wechselseitigkeit und Mortalität der Dyade aufgrund der personellen Unersetzbarkeit der Partner*innen und durch eine besondere Interdependenz, durch Intimität, eine emotional fundierte Bindung und das Vorhandensein eines persönlichen Wissens über den*die andere*n (vgl. ebd.: 36ff.). Die Charakteristika der umfassenden Relationalität der Paarbeziehung, ihre Emergenz und die Einbindung ihrer sozialen Konstruktion in mikro-, meso- und makrostrukturelle Kontexte wurden bereits mehrfach erwähnt.

2.2 Stärken und Schwächen von Paarinterviews

Schon in dem Abschnitt, in dem wir die Klassiker Berger und Kellner gewürdigt und auf ihre gegenwärtige Relevanz hin befragt haben, wurden wichtige Themen der nichtstandardisierten Paarforschung aufgeführt, die zugleich einige Erkenntnismöglichkeiten von Paarinterviews adressieren. Diese *Erkenntnismöglichkeiten* werden in Kapitel 2.2.3 systematisch zusammengeführt und ergänzt. Unsere dortigen Ausführungen erstrecken sich nicht bloß auf Ehepaare. Sie gelten auch für nicht verheiratete und nicht heterosexuelle Paare. Paare bestimmen wir hier also zunächst als ‚Liebes'-Paare im Sinne einer wie auch immer geschlechtlich zusammengesetz-

---

14 Hierzu führt Hahn, seinen Aufsatz abschließend, treffend aus: „Die Kosten für Konsensfiktionen können also auch als Investitionen angesehen werden. Aber ebenso wie in der Ökonomie ist man auch in der Ehe vor Fehlinvestitionen nicht sicher" (ebd.: 229).

2.2 Stärken und Schwächen von Paarinterviews

ten intimen Zweierbeziehung (ausführlich hierzu Lenz 2009), die sich auch selbst als ‚Paare' verstehen (eine umfassende Definition siehe vorheriger Abschnitt). In welchem Ausmaß die dargelegten Erkenntnisinteressen auch auf andere Paare als ‚Liebes'-Paare – etwa theoretisch asymmetrische Paare wie Eltern-Kind-Dyaden, Vorgesetzte*r-Mitarbeiter*in, Ärzt*in-Patient*in, Organspender*in-Empfänger*in, Jobvermittler*in-Kund*in in der Arbeitsvermittlung, oder theoretisch symmetrische wie Freundes- oder Geschwister-Paare – übertragbar sind, wird in Kapitel 6 angesprochen. Vorher erlauben wir uns noch einige grundsätzliche Vorbemerkungen zu mündlichen Interviews, soweit dies für die nachfolgenden Überlegungen erforderlich ist (2.2.1) und grenzen das Paarinterview von Einzelinterviews und kollektiven Erhebungsformen ab (2.2.2). Abschließend nennen wir einige Schwächen von Paarinterviews (2.2.4)

2.2.1 Vorbemerkungen zu Interviews generell

Interviews werden in der nichtstandardisierten Sozialforschung sehr häufig eingesetzt und sind in ihrer Verwendung gut erprobt (z. B. Flick 2007, Flick et al. 2008, Kruse 2015, Przyborski/Wohlrab-Sahr 2014). Die Stärken von Interviews liegen darin, dass sie zunächst Datenquellen sind für die sprachlichen Darstellungen von Geschehnissen, Handlungen und Geschichten wie die Biographie der Befragten, also für den sprachlich ausgedrückten *subjektiven Sinn*, für die *subjektiven Sichtweisen, Deutungen* und *Einstellungen* der Interviewten (u. a. Küsters 2009, Kruse 2015, Lucius-Hoene/Deppermann 2004a, Przyborski/Wohlrab-Sahr 2014, Rosenthal 2015, Schütze 1983). Sie können auch *latente, implizite Sinnstrukturen* (u. a. Oevermann/Allert/Konau/Krambeck 1979, Wernet 2000, König 2001) sowie „Habitus- und Identitätsformationen" erfassen, „die von den Befragten performativ handelnd hergestellt oder als orientierungsrelevant angedeutet, aber nicht explizit zum Ausdruck gebracht werden" (Deppermann 2013: 5).[15]

---

15 Arnulf Deppermann (ebd.) unterscheidet mit Blick auf den epistemologischen Status von Interviewaussagen unter Verweis auf Kathryn Roulston (2010: 51-73) und David Silverman (2011: 168-186) vier Auffassungen: neben den beiden genannten (Interviews als Zugänge zu *subjektiven Sichtweisen* und zu *impliziten Sinnstrukturen*) weiter eine *positivistische* Sicht (bei ihm als erstens nummeriert), wonach Interviews eine Quelle „mehr oder weniger objektiver Informationen über Sachverhalte in der Welt" darstellen, etwa anhand von Expert*innenmeinungen oder Zeitzeugenberichten. Die „subjektive Perspektivität und Vermittlung der Aussagen im Interview" (Deppermann 2013: 5) spiele in diesem Verständnis keine Rolle. Viertens nennt er die Fassung von Interviews als *Interaktionsereignisse*. Auf dieses vierte Verständnis kommen wir später zurück.

Jedoch sind Interviews als mündliche Erhebungsformen sprachzentriert und geben zunächst ‚Auskünfte'. Sie sind dabei immer *subjektiv*, zudem sind sie *kontext-, standort- und zeitgebunden*. Nimmt man, wie wir, den Sozialkonstruktivismus als methodologischen Ausgangspunkt und teilt die Grundannahmen der wissenssoziologischen Hermeneutik, so ist es mittels Interviews – ebenso wie mittels anderer Erhebungsformen – nicht möglich, vermeintlich ‚tatsächliche', ‚objektive' Sachverhalte in Erfahrung zu bringen, da eine ‚objektive' Wirklichkeit als solche nicht existiert (vgl. Kapitel 1.5). Erfasst werden also zunächst, konzipiert man Interviews als Text, vorwiegend subjektive Sichtweisen und subjektive Deutungen sowie implizite Sinnstrukturen.[16] Hinsichtlich beispielsweise der retrospektiven Erzählung der Lebensgeschichte oder von Bewertungen impliziert dies, dass im Interview nicht die Deutung zum Zeitpunkt des Ereignisses, sondern zum Zeitpunkt des Interviews erfasst wird (bzw. die Deutung zum Zeitpunkt des Ereignisses aus gegenwärtiger Sicht). Deutungen und Bewertungen können sich über die Zeit ändern und sie ändern sich auch tatsächlich oft retrospektiv – sei es aufgrund eingeschränkter Erinnerungsfähigkeit, post-hoc-Rationalisierungen oder Uminterpretationen. Auch zwischenzeitlich gemachte neue Erfahrungen etwa mit dem*der Partner*in oder aktuelle ‚Entdeckungen', die ihn*sie in einem neuem Licht erscheinen lassen, können Deutungsänderungen oder Uminterpretationen begründen. Deutungen und Beziehungen haben also dynamischen Charakter. Mit Blick auf die Erfassung von Veränderungsdynamiken, etwa Familiengründung, berufliche Karriereverläufe, häusliche Arbeitsteilung nach der Geburt von Kindern und Ähnliches, bedeutet dies: Möchte man möglichst nah an den Veränderungsdynamiken (retro- wie prospektiv) sein, wären nichtstandardisierte Wiederholungsbefragungen – möglichst vor, während und nach Eintritt der interessierenden Ereignisse – das Mittel der ersten Wahl. Diese sind allerdings sehr zeit- und kostenintensiv und werden daher nur selten durchgeführt.

Zudem können Interviews nicht tatsächliche Handlungen (jenseits der Handlungen im Interview) und die vollständige Alltagspraxis abbilden, sondern hauptsächlich nur deren Darstellung und das Sprechen darüber. Sie erfassen also vor allem die *diskursive Praxis* und den *reflexiven Bericht* über die Alltagspraxis. Die umfassende (Alltags-)Praxis ließe sich besser mit ethnomethodologisch orientierten

---

16 So ist es etwa Ziel der Objektiven Hermeneutik (u.a. Oevermann et al. 1979), latente, ‚objektive' Sinnstrukturen bzw. Strukturgesetzlichkeiten sozialen Handelns zu rekonstruieren. Die Tiefenhermeneutik (u.a. König 2001) zielt darauf, „zu untersuchen, wie soziale Herrschaft über den Zugriff auf unbewusste Erlebnisfiguren in der Tiefe der Subjekte verankert wird, und zugleich zu analysieren, wie Subjekte im Rückgriff auf unbewusste Lebensentwürfe Phantasie entfalten und neue Handlungsspielräume entwickeln" (König o. J.).

2.2 Stärken und Schwächen von Paarinterviews

teilnehmenden Beobachtungen (etwa Kaufmann 1994) oder Video-Aufnahmen (etwa Isep 2014) einfangen. Jedoch können einige Praktiken (etwa Sexualität oder Beziehungsstreit) nicht leicht offen teilnehmend beobachtet werden, wenn sie in nicht öffentlich zugänglichen und teils Dritten verborgenen Räumen (wie dem viel zitierten Schlafzimmer) stattfinden. Verdeckte teilnehmende Beobachtungen sind häufig ethisch bedenklich oder nicht vertretbar, es sei denn, die interessierenden Praktiken finden öffentlich und frei zugänglich statt. Zudem können in reinen Beobachtungen nicht die mit den Praktiken verbundenen subjektiven Sinnsetzungen und Deutungen erhoben werden.

Die *Sprachlichkeit* von Interviews impliziert zudem weitere Beschränkungen (ausführlich Kapitel 6.1 und 6.2): zum einen narrationstheoretische, zum anderen sprachlich verursachte Ausschlüsse. So kann man nur Personen befragen, die sich verbal ausdrücken können und die auch sprechen möchten – und mit Blick auf einige hermeneutische Auswertungsverfahren zudem nur Menschen, die in ihrer Erstsprache befragt werden (siehe 4.3.3). Ist der Umgang mit unterschiedlichen narrativen Kompetenzen der Befragten und den damit potentiell einhergehenden Begrenzungen relativ gut erforscht, so werden die weitergehenden Ausschlüsse aufgrund einer sprachlich bedingten Vorauswahl der Befragten oft nicht im Forschungsprozess berücksichtigt oder stillschweigend in Kauf genommen.[17]

Stefan Hirschauer et al. (2015: 7) stellen heraus, dass – anders als „auch in einem Großteil der qualitativen Forschung" angenommen – Interviews keine „*Auskünfte*" (Hirschauer et al. 2015: 5, Hervorh. im Orig.) geben, sondern erstens eine *Sprechpraxis* (Hirschauer et al. 2015: 7) darstellen, in der Handlungen vollzogen werden. Zweitens sind Interviews *Interaktionen*, die durch Fragen, Erwartungen und Kommunikationssignale gesteuert sind und in denen die Teilnehmenden aufeinander reagieren. Neben diesen zwei Hauptpunkten sind drittens die Darstellungen im Interview immer an den Zeitpunkt des Sprechens gebunden, viertens stellen sie „*Diskursfragmente*" (ebd., Hervorh. im Orig.) dar, da die Befragten in ihren Darstellungen auf Narrationen in Diskursen zurückgreifen, in die sie auf Paarebene, im Freundes- und Familienkreis und auch massenmedial vermittelt verstrickt sind. Fünftens muss die spezifische soziale Situation des Interviews reflektiert werden (vgl. auch Deppermann 2013: 60). Die Interviewsituation stellt keine natürliche Situation dar wie das alltägliche dialogische Gespräch etwa zweier Freund*innen oder Partner*innen, und sie ist auch keine quasi-natürliche Gesprächssituation, sondern eine *besondere* und asymmetrische soziale Situation, die spezifische

---

17 Etwa wenn bei einer Untersuchung von prekärer Beschäftigung alle nichtdeutschen Erstsprachler*innen ausgeschlossen werden und damit ein grob geschätztes Drittel der interessierenden Gruppe schlicht fehlt.

und unterschiedliche Erwartungen und Erwartungserwartungen auf Seiten der Befragten und der Befragenden umfasst. Diese hängen unter anderem mit den unterschiedlichen Rollen zusammen: Hiernach stellen die Interviewenden Fragen und strukturieren bisweilen das Gespräch, hören aber ansonsten zu und halten ihre eigenen Sichtweisen zurück, während die Interviewten weitgehend monologisch reden können und sollen, ohne unterbrochen zu werden (vgl. zu den Besonderheiten der Interviewsituation etwa Helfferich 2009).

Wir schließen uns Hirschauer et al. in diesen Punkten an, gehen aber gleichzeitig davon aus, dass Interviews *auch* die oben genannten *Auskünfte* geben können. Dies gilt für Einzel- wie für Paarinterviews. In Paarinterviews kommt den Dimensionen der Sprechpraxis und der Interaktion nochmals eine besondere Bedeutung zu.

2.2.2 Das Paarinterview in Abgrenzung zu Einzelinterviews und zu kollektiven Erhebungsverfahren

2.2.2.1 Methodologischer Status von Paarinterviews

Cornelia Behnke und Michael Meuser (2013: 77) charakterisieren das Paarinterview als ein Hybrid aus autobiographisch-narrativem Interview und Gruppendiskussionsverfahren (ebenso Kruse 2015: 159; ähnlich Morris 2001: 553).[18] Aglaja Przyborski und Monika Wohlrab-Sahr (2014: 111) fassen es als ein erweitertes biographisches Interview, wenn man Paarbeziehungen (mehr oder weniger) als eine Synchronisierung zweier Biographien (wie etwa Dausien 1996) versteht. Schließlich erlaubt das Paarinterview auch und wesentlich eine teilnehmende Beobachtung des Paares und der Interaktionen im Paar, was in Einzelinterviews nicht möglich ist.

Fasst man soziale (Nah-)Beziehungen als Ausgangspunkt soziologischer Analyse und Paarbeziehungen als eigenständige Analyseeinheit, lässt sich dies weder einem methodologischen Individualismus noch Kollektivismus, sondern einem methodologischen Relationalismus (siehe oben) zuordnen. Hierbei kommt dem Paarinterview als Interview zweier Individuen-in-Beziehungen eine besondere Bedeutung zu. Das Paarinterview kann zwar, wie auch das Dyadische Interview, Familieninterviews oder Gruppendiskussionen (siehe Kapitel 2.2.2.3), als kollektives Erhebungsverfahren (Przyborski/Wohlrab-Sahr 2014: 109) bezeichnet werden, in dem Elemente von biographischen und Gruppeninterviews zum Tragen kommen. Unserer Meinung nach ist es jedoch eine *eigenständige Interviewform* mit

---

18 Nicht explizit erwähnt wird von den Autor*innen, ob diese Mischform ihrer Ansicht nach eine eigenständige Qualität aufweist oder ob es als Mischform einfach nur Elemente von autobiographisch-narrativem Interview und Gruppendiskussionsverfahren enthält.

eigenständigen Qualitäten. Diese Eigenständigkeit resultiert aus den besonderen Charakteristika seines Forschungsgegenstandes, den Paarbeziehungen. Diese stellen eine emergente, eigenständige Analyseebene und Realität *sui generis* dar und weisen Spezifika auf, die sie sowohl von Individuen als auch von aus zwei beliebigen Menschen bestehenden Dyaden, von Familien, Gruppen, Generationen und anderen Kollektiven unterscheidet: Paarbeziehungen charakterisieren sich theoretisch-strukturell durch Exklusivität, Einmaligkeit und Mortalität der Paardyade und durch ihre (zumindest angenommene) Dauerhaftigkeit; zudem weisen sie einen hohen wechselseitigen Verpflichtungscharakter auf und zeichnen sich normativ durch ein Authentizitätsgebot, wechselseitige Höchstrelevanz sowie durch ihre ausgeprägte – theoretische wie subjektiv-empirische – identitätsstiftende Funktion aus (Lenz 2009, u. a.: 36ff.). Auch sind sie nach wie vor institutionell besonders abgesichert. Diesen Spezifika verdankt die Paarbeziehung letztlich ihr Vermögen zur intersubjektiven Konstitution einer gemeinsamen Paarwirklichkeit, welche angemessen nicht mittels Einzelinterviews, sondern nur mittels Paarinterviews rekonstruiert werden kann – wie wir in 2.2.3 ausführlich argumentieren.

2.2.2.2 Das Paarinterview in Abgrenzung zu Einzelinterviews

Inwiefern ermöglichen Paarinterviews weitere über Einzelinterviews hinausgehende Erkenntnisse? Einzelinterviews können methodologisch besonders gut bei Fragen eingesetzt werden, bei denen es um das einzelne Individuum, dessen individuelle Sichtweise oder Biographie (Schütze 1983, 1987) geht. Im Einzelinterview lässt sich auch die individuelle Sicht der Partner*innen auf das Paar erheben. Selbst die gemeinsame Sicht der Partner*innen auf das Paar kann erfasst werden, wenn eben beide nach gemeinsamen Sichtweisen gefragt werden. Ein methodisch individualzentriertes Untersuchungsdesign kann also grundsätzlich methodologisch relational angelegt sein, wenn nämlich ein*e Partner*in (P1) oder beide getrennt voneinander nach Alter (P2) und dessen Sichtweisen mit befragt wird bzw. werden. Es kann auch relational sein, wenn die Befragten ihre Partner*innen in ihren Narrationen zum Sprechen bringen, wie etwa durch Zitate oder als „*paraphrasierte Sprechende*" (Hirschauer et al. 2015: 19, Hervorh. im Orig.). So gingen etwa Günter Burkart, Beate Fietze und Martin Kohli (1989) vor; Barbara Keddi, Patricia Pfeil, Petra Strehmel und Svendy Wittmann (1999) und Keddi (2003) befragten junge Frauen[19], die in einer Paarbeziehung leben, in einer Panelstudie zu ihren Lebensthemen. Ute Klammer, Sabine Neukirch und Dagmar Weßler-Poßberg

---

19 Bei Arbeiten anderer, auf die wir uns im Folgenden beziehen, verzichten wir auf das Sternchen bei Genusgruppen, wenn die Autor*innen selbst von ‚Frauen' und ‚Männern' schreiben.

(2012) sowie Christina Klenner, Katrin Menke und Svenja Pfahl (2012) befragten Familienernährerinnen u. a. zu deren Vereinbarkeitsarrangements. Karin Jurczyk et al. (2009) untersuchten erwerbstätige Frauen und Männer und fokussierten das Wechselverhältnis von entgrenzter Erwerbsarbeit und entgrenzter Familie. Johanna Hess und Lisa Pfahl (2011) interessierten sich für berufliche (Doppel-)Karrieren von Wissenschaftlerinnen im Kontext familiärer und institutioneller Anforderungen. Kerstin Jürgens und Karsten Reinecke (1998) analysierten die Auswirkungen des „VW-Modells" (28,8 Stunden) auf den Lebensalltag von Familien. Petra Frerichs (1997) untersuchte u. a. anhand von Paaren das Verhältnis von Klassen- und Geschlechterzugehörigkeiten und Claudia Born (1993) analysierte bei 1929-1931 geborenen Ehepaaren mit Kindern Aushandlungsprozesse über einen beruflichen Wiedereinstieg der Ehefrauen, während Cornelia Schadler (2013) in ihrer posthumanistischen Ethnografie rekonstruierte, wie Paare, in denen die Frau ein Kind erwartet, durch eine Vielzahl alltäglicher Mikropraktiken zu Eltern werden. Paare kurz vor der ersten Elternwerdung untersuchte auch eine Forscher*innengruppe aus acht europäischen Ländern um Daniela Grunow und Marie Evertson (2016). Anhand von 334 Einzelinterviews beider Partner*innen aus 167 gut qualifizierten Doppelverdiener-Paaren wurde äußerst innovativ qualitativ und international vergleichend die Bedeutung geschlechterkultureller Vorstellungen und wohlfahrtsstaatlicher Rahmenbedingungen beim Übergang in die Elternschaft analysiert.

Bei diesem Vorgehen zeigen sich allerdings zwei Einschränkungen (zu den Vorteilen gemeinsamer Interviews gegenüber Einzelinterviews siehe auch z. B. Arksey 1996, Morgan 2016: 24ff., Seymour et al. 1995: 6ff.). Zum einen lässt sich die subjektive Sicht des je signifikanten Anderen nicht durch eine Befragung von Ego erheben. Ego kann womöglich zielführend über Alter befragt werden, wenn beide die interessierenden Dinge wissen und sie zwischen ihnen nicht umstritten sind. Häufig weiß Ego aber die interessierenden Dinge nicht, etwa den vollständigen Berufsverlauf oder das Einkommen des anderen oder dessen konkreten Tagesablauf. Auch kann es sein, dass bestimmte Dinge aufgrund sozialer Erwünschtheit oder unterschiedlicher Wahrnehmung nicht so dargestellt werden, wie sie sich ereignet haben mögen. So wird die für Hausarbeit und Kinderbetreuung aufgewendete Zeit oft von denjenigen, die weniger davon leisten, bewusst oder unbewusst überschätzt (in unseren bisherigen Studien durchwegs Männer*), und sie wird bisweilen auch von denjenigen überschätzt, die mehr leisten. Bei subjektiven Sichtweisen schließlich lässt sich Ego – mit Ausnahme, es handelt sich um zwischen den Beteiligten geteilte, bekannte und unstrittige subjektive Sichtweisen wie bestimmte Vorlieben, Gewohnheiten, Abneigungen – meist nicht über Alter mitbefragen, sondern es müssten beide individuell befragt werden. Aber auch dann kann es sein, dass Widersprüche auftreten und es offen bleibt, ob beide verschiedene Erinnerungen haben oder ob sich antagonistische Deutungen gegenüber stehen, wobei mögliche Erinnerungsdifferenzen auch mit in Anspruch genommenen Deutungshoheiten einhergehen können.

Zum anderen erlauben es individuelle Befragungen nicht, Aushandlungen und Interaktionen zwischen den Partner*innen einzufangen, etwa dahingehend, wie Sichtweisen, Deutungen und Ungleichheiten zwischen den Partner*innen konstituiert werden oder wer sich wie und weshalb durchsetzen kann. Nicht erfasst werden können also die aktuelle *Interaktionsdynamik* und das *innere Geschehen* der Paarbeziehung. Genau dies ist aber der besondere Mehrwert einer gemeinsamen Paar-Erhebung, wie wir gleich ausführlicher darlegen werden. Methodisch ist daher, will man Paare *als Paare* untersuchen, einem methodologischen Relationalismus das gemeinsame Paarinterview am angemessensten.

2.2.2.3 Das Paarinterview in Abgrenzung zum Dyadischen Interview sowie zu Familieninterviews und Gruppendiskussionen

Nun ist das Paarinterview, wie das Dyadische Interview, das Familieninterview und die Gruppendiskussion, ein *kollektives Erhebungsinstrument*. Worin bestehen Gemeinsamkeiten, worin Unterschiede?

Morgan et al. (2013) und Morgan (2016) verstehen das Paarinterview im Sinne des „joint interview of partnered couples" (ebd.: 10) als Subgruppe des sogenannten *Dyadischen Interviews*. Insbesondere mit Blick auf Dyaden, die aus zwei einander unbekannten Personen bestehen, stellen sie das Dyadische Interview als eigenständige Interviewform vor, das sich vom Paarinterview, bei dem die Befragten eine „preexisting role relationship such as married couples" (Morgan et al. 2013: 1276) aufweisen, unterscheide. Während das Paarinterview Paarbeziehungen und damit „preexisting relationships" (ebd.) der Befragten unabdingbar voraussetzt, zielt das Dyadische Interview schlicht auf „pairs of participants" (Morgan 2016: 9), die miteinander ins Gespräch kommen. Es umfasst als entscheidenden Unterschied auch „strangers who share an interest in a particular topic" (ebd.: 10). Zentral sei es, „a dynamic whereby the participants ‚co-construct' a joint narrative" (ebd.: 18) zu erzeugen und einen „process of sharing and comparing that engages the participants in discussing their similarities and differences" (ebd.) hervorzulocken. Ähnlich sprechen Wilson et al. (2016) von „Paired Depth Interviews", die sie bestimmen als Interviews, in denen ein*e Interviewer*in zwei Personen gemeinsam befragt, unabhängig von der Art der Beziehung der Befragten zueinander (ebd.: 1549). Die Autor*innen geben zudem einen knappen Überblick über Stärken, Schwächen und bisherige Anwendungen von „Paired Depth Interviews" (Wilson et al. 2016) bzw. von „Dyadic Interviews" (Morgan et al. 2013, Morgan 2016). Wie bei dem von uns als Paarinterview bezeichneten Interview ist auch beim Dyadischen Interview eine wesentliche Stärke, Interaktionen zwischen den Befragten zu erfassen. Das Dyadische Interview zielt aber nicht auf die Fragen, wie Sichtweisen, Deutungen und Ungleichheiten zwischen den Befragten konstituiert werden, ob es eine gemeinsame Weltsicht gibt oder wer sich wie und weshalb in der Beziehung durchsetzen kann – nicht zuletzt, weil keine gemeinsame Beziehung bestehen muss.

Richtet sich das Forschungsinteresse auf die ganze *Familie*, etwa in der Generationenfolge, sind Familieninterviews und ‚familiengeschichtliche Gespräche' (Hildenbrand/Jahn 1988) empfehlenswert (vgl. 5.1.2.1). Auch hier finden Interaktionen und gemeinsames Erzählen statt: Die Familie erzählt von sich *als* Familie, so dass sich die interaktive Performanz der Familienmitglieder rekonstruieren lässt. Auch hier ist die Diskursorganisation zentral (vgl. 4.2) und ob die Familienpräsentationen von den anderen Familienmitgliedern bestätigt oder infrage gestellt werden. Während beim Paarinterview aber nur die Paardyade besteht (neben der Beziehung zu den Interviewenden), existieren in Familieninterviews multiple Beziehungsebenen, wie die Paar-, Eltern-Kind- und Geschwisterbeziehung, und damit potentiell komplexere Interaktionsdynamiken. Auch steigen die Tabuisierungsmöglichkeiten: Bestimmte Themen lassen sich nur schwer in Familieninterviews thematisieren, etwa der Umgang mit Armut; hier ließen sich stattdessen Einzelinterviews mit den Familienmitgliedern führen (so etwa Wagner 2017 zur sozialen Reproduktion von Armut in Familien). Weiter besteht im Vergleich zum Paarinterview eine größere Herausforderung in der Frage der Zugehörigkeit zur Familie (Hildenbrand 2005) und besonders unterscheiden sich die Art und Konstitution der kollektiven Orientierung.

Gruppendiskussionen fokussieren kollektive Orientierungen (vgl. 5.1.2.2). Im englischsprachigen Raum sind seit einigen Jahrzehnten sogenannte Fokusgruppen, die u. a. in der Marktforschung angewendet werden, verbreitet. Eine prominente Variante des Gruppendiskussionsverfahrens im deutschsprachigen Raum wurde von Ralf Bohnsack (2014) auf Grundlage der Mannheim'schen Wissenssoziologie entwickelt und zielt auf die Rekonstruktion der *konjunktiven Erfahrungen* realer Gruppen oder Milieus (ebd.: 61f.). Die Einzelnen seien in „Erlebnis- und Orientierungsmuster" eingebunden, die als *„Konjunktion"* (Verbindung) erscheinen, als „im gemeinsamen Erleben fundierten Miteinanderverbundenseins" (ebd.: 121, Hervorh. im Orig.). Reale Gruppen können Cliquen, Nachbarschaften, aber auch Familien und Paare[20] umfassen. Die *konjunktiven Erfahrungen* von Milieus sind dagegen nicht an reale Gruppe gebunden, wie Karl Mannheims Begriff des

---

20 In Anlehnung an die Methode der Gruppendiskussion führte etwa Foltys (2014) Paardiskussionen, um zu rekonstruieren, wie an Egalität orientierte Elternpaare im Zeitraum einer Geburt familiale Gemeinschaft herstellen.

2.2 Stärken und Schwächen von Paarinterviews

„Generationszusammenhang" verdeutlicht (Mannheim 2009 [1928]: 133).[21] Auch in Paarbefragungen können kollektive Orientierungen rekonstruiert werden, weshalb nach Behnke und Meuser (2013: 77) Paarbefragungen Elemente von Gruppendiskussionen beinhalten (können, aber nicht müssen) – und wie wir in 2.2.3 zeigen, darüber hinaus noch anderes ‚können'. Insbesondere das ‚kollektive Erleben' bzw. der ‚konjunktive Erfahrungsraum' differieren aber.

Methodologisch unterscheidet sich das Paarinterview von *Gruppendiskussionen*, bei denen die Zusammensetzung der Gruppe offen ist und je nach Forschungsinteresse unterschiedlich ausfallen kann, und vom *Familieninterview*, weil hier eine Paardyade im Zentrum steht, die sich durch die Strukturmerkmale der Höchstrelevanz, Exklusivität, Authentizität, Dauerhaftigkeit und einer gemeinsamen Nomosbildung auszeichnet. Weder in Gruppen, Familien noch in den (beliebigen) Zweierpaaren des Dyadischen Interviews kann von einer entsprechenden Nomosbildung ausgegangen werden. Dennoch bilden Familien einen „Verweisungszusammenhang von milieutypischen Selbstverständlichkeiten der Welt- und Selbstauffassung" (Hildenbrand 2005: 12), die allerdings auch auseinanderfallen können (zu denken wäre hierbei an ‚schwarze Schafe' der Familie oder Abgrenzungsversuche zwischen Generationen). Zudem ist die „Unkündbarkeit der Personen" (ebd.) ein Strukturmerkmal von Familien, was Konflikte im Vergleich zu Paaren mangels Exitoptionen erhöhen, aber auch zu anderen Formen der Konfliktlösung (z. B. Schweigen oder Rückzug / Exit aus der Familie statt Ausdiskutieren) führen kann. Während schließlich das Authentizitätsgebot in Paarbeziehungen Geheimnisse im Paar delegitimiert, sind in Familien (und Gruppen und Nicht-Paarbeziehungsdyaden) Geheimnisse und (Familien-)Tabus verbreitet. Mit der Generationendifferenz in Familien gehen spezifische Normen einher, etwa, dass jüngere Familienangehörige nicht über belastende Themen informiert werden. Auch wenn man ein „kollektive(s, C.W. und M.M.) Familiengedächtnis" (ebd.) annimmt, ist dies heterogener als die normativ gemeinsame Weltsicht von Paaren.

Durch diese Aspekte einschließlich der gesellschaftlich vermittelten Paarnormativität kommt der Paarbeziehung eine privilegierte Bedeutung gegenüber der Gruppe zu. Gruppen zeichnen sich durch „Zusammengehörigkeit", „Unmittelbarkeit, Diffusität und relative Dauerhaftigkeit" (Lenz 2009: 40) aus, sind aber im Allgemeinen weniger verbindlich und weisen weniger Gemeinsamkeiten auf als Paare; zudem können sie – anders als Paare – fortbestehen, auch wenn ein Mitglied die Gruppe verlässt. Gruppen können zudem an nur ein Thema gebunden sein

---

21 Hier geht es nicht um gemeinsames Erleben in konkreten Beziehungen, sondern um die Existenz einer kollektiven „Erlebnisschichtung" (Bohnsack 2014: 65), wie etwa beim Erleben des Mauerfalls und der Grenzöffnung von 1989.

und kaum weitere Gemeinsamkeiten aufweisen. Besonders gilt in (Erwachsenen-) Gruppen und Cliquen das normative Authentizitätsgebot von Paarbeziehungen nicht und sie weisen in der Regel auch keine entsprechende Identitätsrelevanz auf. Die gemeinsame Erfahrungsaufschichtung ist also in Gruppen theoretisch viel ausschnitthafter und weniger verbindlich, während in Paarbeziehungen theoretisch eine ‚Vollinklusion' leitend ist. Auch werden in Paarbeziehungen nicht nur gemeinsame Erfahrungen relevant, sondern auch nicht gemeinsame Erfahrungen, die theoretisch-normativ zu einer gemeinsamen Weltsicht zu integrieren sind (oder jedenfalls miteinander vereinbart werden müssen).

Das Paarinterview und die kollektiven Erhebungsverfahren Familieninterview, familiengeschichtliches Gespräch und Gruppendiskussion weisen also Gemeinsamkeiten auf, als sie gemeinsame Erfahrungsaufschichtungen und deren interaktive Herstellung im Interview erfassen können. In allen dreien und dem Dyadischen Interview können zentral Interaktionen erfasst werden. Jedoch unterscheiden sich u. a. (methodologisch und theoretisch begründet) die Art der in Paaren, Familien, Gruppen und mehr oder weniger un/bekannten Dyaden je (potentiell) konstituierten kollektiven Identitäten und Sichtweisen, und damit auch das oder die angemessene/n Instrument/e zu deren Rekonstruktion.

2.2.3 Die spezifischen Stärken des Paarinterviews

Im folgenden Teilkapitel legen wir nun systematisch die besonderen Stärken und Erkenntnismöglichkeiten von Paarinterviews dar. Welche sind dies?

2.2.3.1 Besondere Erkenntnismöglichkeiten des Paarinterviews

Erstens erlauben es Paarinterviews, Erkenntnisse zu gewinnen bezüglich der *inter-subjektiven Konstruktion von gemeinsam geteilten oder nicht geteilten Sinnwelten, Wirklichkeitsdeutungen und Sichten auf die Welt von Paaren*.

Zweitens lassen sich damit die *Interaktionen im* Paar *in situ* erfassen, also die konkreten, interaktiven Handlungsvollzüge in unterschiedlichen Situationen, das *doing couple* im ethnomethodologischen Sinne und die *Paarperformance*. Das heißt, es können die Eigenständigkeit und Dynamik des Interaktionsgeschehens im Paar analysiert werden. Das Paarinterview erlaubt einen ausschnitthaften Einblick in das dynamische innere Geschehen der sozialen Beziehung und in die ‚black box' Paar, kann doch „die Kommunikations- und Interaktionsebene zwischen den beiden Partnern im Paarinterview als ausschnitthaftes ‚Fenster' auf die alltäglichen Kommunikations- und Interaktionsmuster des Paares bzw. als von den Paaren ‚auf

2.2 Stärken und Schwächen von Paarinterviews

ihren Alltag bezogene' Darstellung ihrer Paarwirklichkeit" (Schneider et al. 2004: 10) betrachtet werden.

Von besonderem Erkenntnisinteresse sind bei diesem interaktiven *doing couple* drittens die *Aushandlungsprozesse*[22] zwischen den Partner*innen: Zum einen werden im Interview Aushandlungen über den *gelebten Alltag* sprachlich dargestellt – als reflexive oder präreflexive ‚Entscheidungen' und Arrangements im Paar. Einige in der Forschung prominente Fragen hierzu sind etwa: Wie kam es zur Familiengründung? Wie kam es zu dem derzeitigen Elternzeit- oder Hausarbeitsteilungsarrangement? Wie kam es zu dem derzeitigen Pendel- oder beruflichen Arrangement? Wer stellte seine beruflichen Aspirationen voran oder zurück? Zum anderen finden *im Interview* selbst interaktive Aushandlungen statt, etwa über thematische Zuständigkeiten und Rederechte, die Rückschlüsse auf die Alltagspraxis und die innere Verfasstheit des Paares erlauben. Wie Behnke und Meuser konstatieren, zeigen sich hierbei „deutliche Entsprechungen zwischen der Praxis der Darstellung und der dargestellten Praxis. Diskursorganisation und Erzählstil, also Merkmale der Formalstruktur des Textes, stehen in einem homologen Verhältnis zu den Inhalten der Interviews; sie korrespondieren mit dem, was berichtet wird" (Behnke/Meuser 2013: 78; fast wortgleich auch ebd. 2002: 26).[23] Das heißt: im Paarinterview treten nicht nur *sprachliche Darstellungen* (wie oben als eine allgemeine Einschränkung von Interviews angeführt wurde) des Geschehenen, etwa von Aushandlungen, zutage. Die Interaktionen und Aushandlungen lassen sich darüber hinaus im Interview auch *direkt* beobachten. Nicht im Interview beobachtet werden können hingegen die tatsächlichen Praktiken, über die berichtet wird, etwa die tatsächliche Arbeitsteilung. Es sind also drei Ebenen zu unterscheiden: Die *inhaltlich-sprachliche*

---

22 Unter Aushandlungen verstehen wir nicht nur diskursive und reflexive sprachliche Aushandlungen, sondern auch nonverbale (etwa schweigen, Tatsachen schaffen, sich entziehen, ignorieren) sowie präreflexive (etwa die Macht der Gewohnheit, fraglose Gewissheiten) Formen und Dynamiken, die bestimmten Ergebnissen oder (nicht nur rational-diskursiven) ‚Entscheidungen' vorausgehen bzw. sie begleiten.

23 Anzumerken sind hier allerdings zwei Punkte: Erstens lässt sich in Frage stellen, ob wirklich von einer Homologie im strengen Sinne (die Darstellung der Praxis entspricht *immer* der dargestellten Praxis) auszugehen ist oder nur von einer weitgehenden Homologie. Es scheint, die Autor*innen gingen von einer vollständigen Homologie aus. Wir teilen diese starke Annahme nicht uneingeschränkt, sondern nur die Annahme, dass sich die Praxis der Darstellung und die dargestellte Praxis sehr häufig, aber eben nicht immer, entsprechen. Zweitens sei explizit betont, dass sich nach Behnke und Meuser die dargelegte Homologieannahme nicht auf die Homologie der Darstellung der Praxis und der *tatsächlichen* Praxis bezieht, sondern nur der *dargestellten* Praxis. Sprich: Praktiken, über die im Interview berichtet wird, und die faktischen Praktiken können auseinanderfallen.

Ebene der Darstellung, die *interaktive* Ebene der Gesprächsorganisation und die Ebene der *tatsächlichen* alltäglichen Praktiken, von denen die ersten beiden im Paarinterview erfasst werden können.

Das Interview wird also mit Deppermann (2013) nicht (nur) als Text, sondern (auch) als Interaktion gefasst. Während Deppermann überzeugend dafür plädiert, (in Einzelinterviews) explizit die Interaktion zwischen Interviewenden und Interviewten methodologisch zu berücksichtigen, ist dies bei Paarinterviews auch auf die Interaktion *zwischen den Befragten* auszuweiten. Nach diesem Verständnis können im Paarinterview somit auch die Aushandlungsprozesse teilnehmend beobachtet werden, was wiederum Erkenntnisse über die innere Ordnung des Paares erlaubt – und methodologisch zu berücksichtigen ist.

Viertens nehmen die Partner*innen im Paarinterview verschiedene Selbst- und Fremddarstellungen sowie Selbst- und Fremdpositionierungen (Lucius-Hoene/Deppermann 2004a,b) des Partners oder der Partnerin sowie Paardarstellungen und -positionierungen gegenüber einander und gegenüber den Interviewenden vor. Diese „Selbst- und Fremdpositionierungen werden sowohl auf der Ebene der Darstellung bzw. Geschichte als auch auf der Ebene der aktuellen Interaktion im Interview vollzogen (Bamberg/Georgakopoulou 2008, Lucius-Hoene/Deppermann 2004b). Sie betreffen sowohl das erzählte wie auch das erzählende Selbst" (Deppermann 2013: 46) und umfassen unter anderem Zuschreibungen von Eigenschaften, Identitätsaspekten und Zugehörigkeiten (ebd.)[24] (ausführlicher siehe Kapitel 4.2.2.2).

Fünftens lassen sich mittels der Analyse und Zusammenschau der Paardeutungen, der Paarperformances, der Darstellung der interaktiven Aushandlungen und der *in situ* stattfindenden Aushandlungen im Interview äußerst aufschlussreich die Formen, Inhalte und Vollzüge der *alltäglichen Herstellungsleistungen* des Paares rekonstruieren – sowohl diejenigen, die dargestellt werden als auch diejenigen, die im Interview selbst vollzogen werden. Analysiert werden können so zum einen das *doing couple* (das unter anderem auch ein *doing ‚Konsensfiktionen'* umfassen kann), *doing gender* oder *doing recognition* (Wimbauer 2012) im Paar während des Paarinterviews, und zum anderen das in der dargestellten Praxis enthaltene *doing couple, doing gender* und *doing recognition* sowie weitere Herstellungsleistungen wie das *doing family*. Nach Sara Morris erlaubt etwa das Paarinterview „glimpses of ‚sharedness' under construction" (Morris 2001: 559). Mit Blick auf das *doing couple*

---

24 Deppermann (2013: 21, 46) legt diese Selbst- und Fremdpositionierungen – allerdings gegenüber den Interviewenden – mit Blick auf narrative Einzelinterviews und mit Referenz auf Bamberg (1997), Davies/Harré (1990), Deppermann (2015) und Lucius-Hoene/Deppermann (2004a,b) anschaulich dar. Diese Ausführungen lassen sich auf Paarinterviews übertragen und sich um die Positionierungen der Einzelnen auch gegenüber dem*der Partner*in und des Paares gegenüber den Interviewenden erweitern.

2.2 Stärken und Schwächen von Paarinterviews

geht Martin Stempfhuber, der den performativen Charakter von Paarinterviews methodologisch in den Mittelpunkt rückt, sogar noch weiter und fasst das Paarinterview gewissermaßen als paargenerativ. Hierzu führt er unter Rückgriff auf Judith Butlers Performanztheorie aus, dass „Paarinterviews nicht als eine Erzählung erscheinen, die lediglich auf eine Beziehungsgeschichte referiert, deren vorgängig existierende Eigentümlichkeiten oder Trivialitäten lediglich benannt oder verfehlt werden können, sondern als eine performative Praxis der Hervorbringung dieser Beziehung selbst" (Stempfhuber 2012: 122).

Sechstens wird es hierbei möglich, das *doing (gender) inequality* im Paar (Rusconi/Wimbauer 2013), also ungleiche *Machtverteilungen* und die interaktive Herstellung, Begründung und Reproduktion von *Ungleichheiten* zu rekonstruieren. Auch hier ist wieder zwischen dem *doing inequality* in der konkreten Interviewsituation und dem alltäglichen *doing inequality*, über das explizit oder implizit berichtet wird, zu unterscheiden. Insbesondere in Paarbeziehungen – die ja oftmals eine „Verknüpfung wirtschaftlicher und emotionaler Vergemeinschaftung" (Allmendinger et al. 2001: 211) darstellen – werden ganz wesentlich Ungleichheiten zwischen den Partner*innen und zwischen den Geschlechtern interaktiv hergestellt und reproduziert (u. a. Rusconi/Wimbauer 2013). Diese Herstellung von Ungleichheiten findet im relationalen Sinne nicht in einer als abgeschlossen gedachten Paareinheit statt, sondern hierbei sind auch individuelle Merkmale wie Bildung, soziale Herkunft, Aspirationen und Lebensvorstellungen von Relevanz, sowie gesellschaftliche Ungleichheitsstrukturen, etwa des Arbeitsmarktes, sozial-, familien- und arbeitsmarktpolitischer Regelungen, Genderregimes und institutionalisierter ungleicher Anerkennungsordnungen. Paarbeziehungen sind damit eine wesentliche Schaltstelle der Ungleichheitsproduktion und verbinden die sogenannte Mikroebene der einzelnen Subjekte mit der Mesoebene (wie etwa Arbeits- und Bildungsorganisationen) und der Makroebene. Daher ist ein relationaler Blick in diese ‚black box' und in die dort stattfindenden Aushandlungen und Prozesse aus einer Ungleichheitsperspektive so geboten wie erkenntnisfördernd (u. a. Allmendinger et al. 2001, Rusconi/Wimbauer 2013, Wimbauer 2003, 2012).

Siebtens kann untersucht werden, welchen *Einfluss gesellschaftliche Strukturen und institutionelle Rahmenbedingungen* – beispielsweise sozialpolitische Regelungen, Arbeitsmarktanforderungen, ungleiche institutionalisierte Anerkennungsordnungen (Wimbauer 2012) und anderes mehr – auf die Wirklichkeits- und Ungleichheitskonstitution im Paar sowie auf die Wahrnehmung dieser strukturellen Rahmenbedingungen durch die Partner*innen haben. Hierzu müssen selbstredend die jeweiligen institutionellen, strukturellen und gesellschaftlichen Kontexte im

Interview thematisiert werden, wenn sie für das Forschungsinteresse bedeutsam sind und die Befragten sie nicht von selbst ansprechen.[25]

Ein achter Punkt, der das in 2.2.4 genannte Manko zum Teil ausgleichen kann, dass möglicherweise Konflikte im Interview nicht angesprochen oder mittels Konsensfiktionen zum Teil verborgen würden, bezieht sich auf die Möglichkeit, im Paarinterview *in situ* beobachten zu können, wie *Differenzen* im Paar erzeugt und bearbeitet werden. Nicht nur im Alltag von Paaren können Differenzen zwischen den Partner*innen entstehen, sondern sie können sich auch in der konkreten Paarinterviewinteraktion zeigen oder andeuten. Das Paarinterview erlaubt es damit, das auch alltäglich von den Paaren zu prozessierende, mehr oder weniger große Spannungsfeld sowie Ambivalenzen zwischen der Einheitskonstitution als Paar und der Differenz der individuellen Sichtweisen einzufangen. Selbst wenn dies im Interview nicht so stark ausgeprägt sein mag wie in der alltäglichen Interaktion, so bleibt das Spannungsfeld doch in der Regel ersichtlich. Dies ist insofern erkenntnisbringend, als „gerade in den Glättungsversuchen (…) die Einheit stiftenden Leistungen" des Paares „in ihrer jeweiligen Besonderheit erkennbar" (Przyborski/Wohlrab-Sahr 2014: 111) werden. Gleiches gilt für *Konsensfiktionen*: Auf der einen Seite begründen sie, folgt man Hahn (1983), wenn sie von beiden Partner*innen getragen werden, die Stabilität der Partnerschaft mehr oder weniger wesentlich mit. Auf der anderen Seite zeigen sie, an welchen Stellen Konflikte überdeckt und konsensuell präsentiert werden oder wo dies versucht wird, wo Tabus, Ambivalenzen oder Gleichzeitigkeiten von Konsens und Konflikten (vgl. Schneider 1994) bestehen (ausführlich Kapitel 4.2.2). Gerade die Art und Weise, wie Konsensfiktionen präsentiert werden, kann also Aufschluss geben über die diesbezügliche Spezifik des Paares.

Wir resümieren damit als den bedeutendsten Vorzug des Paarinterviews, dass es unterschiedlichste relationale Aspekte erheben kann: Interaktionen, Aushandlungen und Ungleichheiten im Paar ebenso wie Paarperformances und Paar-Präsentationen des Paares und als Paar. Es erlaubt einen Einblick in die beobachtbare konkrete Paarpraxis als *doing couple* und in die Darstellung der Praxis im Interview als *doing couple*, aber auch als *doing gender, doing family, doing recognition* und *doing inequality*. Richtet man den Blick auf Individuen-in-Paarbeziehungen, so lassen sich also die Herstellungsleistungen selbst sowie die Darstellung der Herstellungsleistungen in unterschiedlichen Facetten ausschnitthaft beobachten – und damit

---

25 Je nach Fragestellung etwa gesellschaftliche Leitbilder von Männlichkeit, Weiblichkeit, Mutterschaft, Vaterschaft, Mütterlichkeit, Väterlichkeit, Familie, Regelungen der sozialen Absicherung (etwa Hartz IV-Gesetze, Regelungen zum Mindestlohn, Elternzeit und familienpolitische Maßnahmen) u. a. m. Neben einer Adressierung dieser Aspekte im Interview können auch ergänzende weitere Untersuchungen sinnvoll sein, etwa Diskurs-, *Policy*- oder Arbeitsmarktanalysen.

2.2 Stärken und Schwächen von Paarinterviews

letztlich auch der Prozesscharakter und die Dynamik des Sozialen. Empirisch lässt sich damit nicht nur Macht- und Ungleichheitsverhältnissen nachspüren, sondern auch zeitdiagnostischen Phänomenen wie einer Neuformierung, Ökonomisierung oder Auflösung sozialer Beziehungen. Zudem können auch das Wechselverhältnis von individuellem Handeln, sozialen Beziehungen und gesellschaftlichen Strukturprinzipien und deren zeitliche Dynamiken untersucht werden.

2.2.3.2 Was kann man zudem in Paarinterviews ,sehen'?

Wie bereits benannt, umfasst das Paarinterview auch Elemente der *teilnehmenden Beobachtung*. Wenn das Interview im Wohnumfeld der Befragten geführt wird, lassen sich die Wohngegend und -lage, der Zustand des Hauses bzw. der Wohnung mitsamt der Einrichtung und der herrschenden Un-/Ordnung etc. beobachten. Gilt dies für alle *face-to-face*-Interviews, ergeben sich im Paarinterview zudem interaktive Beobachtungsmöglichkeiten: Zum Ersten bezieht sich dies auf Emotionen und die Stimmung im Paar und während der Interviewsituation (etwa spannungsvoll oder locker) sowie darauf, wie die Befragten nichtsprachlich miteinander umgehen, sich ansehen, berühren (etwa liebevoller oder distanzierter räumlich-körperlicher Umgang), was möglichst in einem Beobachtungsprotokoll direkt nach dem Interview zu fixieren ist.

Zweitens lässt sich beobachten, wie die Partner*innen selbst Raum in Anspruch nehmen oder dem*der anderen zugestehen und wie sie ihre körperlichen Inszenierungen gestalten. Derartige Beobachtungen und deren Protokollierung sind generell aufschlussreich, sie können aber besonders hilfreich sein, wenn die narrativen Kompetenzen der Befragten weniger stark ausgeprägt sind oder wenn sich die Befragten nicht gesprächig zeigen. Etwa nehmen sich nach der Studie von Koppetsch und Burkart (1999) Männer aus dem von den Autor*innen als arbeiterlich benannten Milieu deutlich Raum im Interview und stellen auch über Körperinszenierungen Männlichkeit dar und her. Über körperliche Inszenierungen lässt sich demnach bisweilen mehr erfahren als durch das, worüber explizit gesprochen wird.

Drittens kann die wechselseitige Adressierung der Partner*innen untereinander und die Adressierung der Interviewenden durch die Partner*innen beobachtet werden. Dies liefert wiederum Aufschluss über Paarbeziehungskonzepte – also die Vorstellungen des Paares oder der Partner*innen darüber, was ihre Beziehung ausmacht und wie sie ausgestaltet sein sollte – und über die innere Verfasstheit der Paare: Es gibt Paare, die vor allem zu den Interviewenden und über die andere, anwesende Person im Paar häufig in der unpersönlichen dritten Person sprechen, und Paare, die überwiegend mit und zu sich als Paar sprechen und über weite Strecken zu ,vergessen' scheinen, dass auch Interviewende im Raum sind. Damit kommen wir zum letzten Unterpunkt dieses Kapitels, der Frage danach, welche

Erkenntnismöglichkeiten das Paarinterview für die Befragten selbst bereit hält (vgl. auch Hirschauer et al. 2015).

2.2.3.3 Vom ‚Nutzen' des Paarinterviews für die Befragten

Selten wird danach gefragt, was eigentlich die Befragten aus einem Interview für sich gewinnen können, zumal dies nicht im Zentrum des Interesses der Forschenden steht. Beim Paarinterview ist dies aber besonders erwähnenswert, denn es kann erstens den Paaren erlauben, Neues über den*die Partner*in und die Paarbeziehung zu erfahren: „Im Paarinterview können manche Teilnehmende unter Umständen zum ersten Mal ihren PartnerInnen dabei zu hören, wie sie gegenüber Dritten über ‚uns' sprechen. Insofern erforschen auch sie im Interview ihre Paarbeziehung" (Hirschauer et al. 2015: 31). Und weiter: „Das Interview wird hier insofern selbst gelegentlich zur Kennenlernsituation" (ebd.: 33). Dies können wir anhand unserer Interviews bestätigen: Zahlreiche Interviewpartner*innen bedankten sich für das „auch für sie sehr interessante" Gespräch oder sagten uns positiv gestimmt, selbst Neues erfahren zu haben, zum ersten Mal über etwas, was wir gefragt haben, nachgedacht und/oder gemeinsam darüber gesprochen zu haben und/oder das Interview auch für sie selbst als spannend empfunden zu haben.

Zweitens ist es nach unseren Erfahrungen recht verbreitet, dass eine*r der Partner*innen das Interview heranzieht, um Alter spezifische Sachverhalte oder Ansichten in Form von Appellen, Änderungswünschen oder Anklagen zu kommunizieren, insbesondere, wenn eine Unzufriedenheit hinsichtlich dieses Sachverhaltes herrscht (vgl. auch ebd.: 35, 41, Braybrook et al. 2017: 588). Gerade die Anwesenheit von paarexternen Personen verspricht womöglich, dem Appell bei Alter größeres Gehör zu verschaffen. Allerdings war dies in den von uns befragten Fällen oft nicht der Fall, ist aber nicht grundsätzlich unmöglich.

Hierzu ein kleines empirisches Beispiel. Nora Nau aus dem Sample der Doppelkarriere-Paare war zum Interviewzeitpunkt in Elternzeit und artikuliert im Interview mehrfach, dass sie sich von Nils Nau wünschen würde, er möge ebenfalls in Elternzeit gehen – ein Appell und Wunsch, mit dem sie jedoch nicht zu ihm „durch" „kommt":[26]

---

[26] Unsere Transkriptionen, wie sie hier vereinfacht abgebildet sind, basieren u. a. auf folgenden Regeln: Sprachliche und nichtsprachliche Äußerungen werden möglichst exakt transkribiert. Ein Pluszeichen steht für eine Pause von einer Sekunde, ein Gedankenstrich für eine etwa halbsekündige Pause, eckige Klammern markieren gleichzeitige Äußerungen, ein Gleichheitszeichen steht für direkten Anschluss im Sprechen ohne Pause, ein Doppelpunkt steht für eine Dehnung und die Großschreibung von Wörtern indiziert deren Betonung. In schrägen Strichen sind kurze Einschübe der Interviewenden markiert (/I1: hmm/).

2.2 Stärken und Schwächen von Paarinterviews

```
628   Nils:    Also ich ++ wir hatten uns schon überlegt ob ich zumindest diese zwei Monate äh=
629
630   Nora:    =Wo wofür ich mich sehr=
631
632   Nils:    =Ja=
633
634   Nora:    =stark aussprechen würde dass
635
636   Nora:    [er
637   Nils:    [is so
638
639   Nora:    die zwei Monate macht. /I1: hmhm/ Wenigstens die zwei Monate. Dass er
640            auch sieht wies is wenn mer daheim is. Und wenn mer so lang drin war und dann
641            plötzlich is ma draußen. Wenigstens halt die Zeit aber ++ ich komm net durch. (lacht)
642
643   Nils:    Da hab i + wirklich sehr stark die Befürchtung dass mir das auch wenn' s n
644            wenn's n Unternehmen ist was nach außen - ähm Familienfreundlichkeit
645            darstellt das is + gibt's sicherlich auch bei uns hier und is äh sicherlich
646            auch von von führenden Köpfen so gewollt und gewünscht. Bin mir aber
647            trotzdem sicher dass es in meinem direkten von meinem direkten
648            Vorgesetzten der mir vorsteht ähm - sehr sehr negativ aufgenommen würde (...)
```

In der Tat bedienen sich Paare des Interviews, um ihre Beziehung zu reflektieren oder um einander Wünsche, Sichtweisen oder Forderungen zu kommunizieren, was von einer romantischen Liebeserklärung über die Aufforderung, endlich über die vom anderen lange gewünschte Heirat nachzudenken oder sich mehr bei der Hausarbeit zu beteiligen bis hin zur Scheidungsandrohung reichen mag. Das Paarinterview kann dabei mitunter zum quasi-therapeutischen Gespräch mutieren – was auch beim Einzelinterview der Fall sein kann (etwa Taylor/de Vocht 2011: 1583), allerdings dort nicht als quasi-‚Paartherapie', sondern als quasi-‚Einzeltherapie'. Für die Befragten und Befragenden kann dies auch manchmal weniger angenehm werden, beispielsweise wenn im Interview oder danach Tabuthemen aufgerufen werden, neue Konflikte entstehen oder bestehende eskalieren (ähnlich auch Valentine 1999: 70). So hat sich ein von uns befragtes Paar bzw. die Partnerin einige Wochen nach dem Interview getrennt. Wenngleich wir nicht der Grund hierfür waren, können wir nicht ausschließen, ein Auslöser dessen gewesen zu sein, greift man doch mit einem (Paar-)Interview immer in das Leben der Interviewten ein. Deshalb ist von den Befragenden zu jeder Zeit ein äußerst sensibler Umgang mit sämtlichen explizit oder implizit adressierten Themen erforderlich. Die Unversehrtheit der beforschten Subjekte muss stets die wichtigste Sorge der Forschenden sein.

Schließlich nennt die Gesundheitsforscherin Sara Morris (2001: 558), die Paarinterviews mit Krebspatient*innen und den sie Pflegenden (oft Ehe/Partner*innen) geführt hat, als Vorteil: Sind die an Krebs Erkrankten in einer schlechten physischen Verfassung, können sie in der Paarsituation durch die andere Person entlastet werden und sich zurücknehmen, wenn das Interview (zu) anstrengend wird, aber das Interview dennoch weiter führen.

2.2.4 Schwächen von Paarinterviews

Trotz der benannten Stärken wird dem Paarinterview eine spezifische Schwachstelle konstatiert. Diese bestehe in der „Anfälligkeit von Konsensfiktionen", so Jan Kruse (2015: 162) unter Bezug auf Alois Hahn (1983) und Bruno Hildenbrand (2006), sowie darin, dass Dissens und Konflikte zwischen den Partner*innen oft ausgeblendet und – auch aus Gründen sozialer Erwünschtheit im Paar und / oder gegenüber dem*r Interviewenden – dethematisiert würden (u. a. auch Morgan 2016: 27; anschauliche Beispiele liefert auch von Sichart 2016: 93). Bereits im Projekt B6 des SFB 536 stellten wir fest:

> „*Gegen* ein *gemeinsames Paarinterview* spricht, dass die Partner sich dabei wechselseitig beobachten. Damit ist es äußerst unwahrscheinlich, dass ein/e Befragte/r Dinge zur Sprache bringt, die er/sie vor dem/r Partner/in verheimlichen will. Auch dürfte zumindest die offene Präsentation von Themen, die innerhalb der Paarbeziehung sehr konfliktträchtig sind, in den meisten Fällen eingeschränkt sein." (Ludwig-Mayerhofer et al. 2001: 9).

Das bedeutet aber mitnichten, manifeste Konflikte (so etwa Paar Ott in Wimbauer 2012, ebenso in einigen Fällen von Hirschauer et al. 2014) und auch latente Konflikte würden nicht deutlich werden. Hierfür könnten wir zahlreiche Beispiele anführen. Themen mit Konfliktpotential werden jedoch zumindest mit größerer Wahrscheinlichkeit seltener und mit geringerer Offenheit angesprochen als im Einzelinterview (vgl. auch Przyborski/Wohlrab-Sahr 2014: 109).

Erklären lässt sich dies durch die „„Einheitskonstitution"" im Paarinterview, bei der die Befragten als „primordialen Rahmen" ihre „kollektive Identität als Paar" entwickeln, wobei sie zumindest ein „Mindestmaß von Einheit etablieren und dokumentieren", also „eine gewisse Präsentationsfassade errichten" (ebd.: 109f.). Diese Präsentationsfassade ist zudem verdoppelt, denn zu der Fassade, die das Paar gegenüber den Interviewenden aufrechterhält, gesellt sich – wie eben im Zitat von Ludwig-Mayerhofer et al. benannt – eine paarinterne Fassade, „die Teile des Paares voreinander errichten" (Hirschauer et al. 2015: 40). Es kann daher aufschlussreich

2.2 Stärken und Schwächen von Paarinterviews

sein, vor oder nach dem Paarinterview zusätzliche Einzelinterviews zu führen, etwa wenn thematisch begründet Machtdifferenzen, Ungleichheiten oder gegensätzliche Ansichten zu erwarten sind (siehe Kapitel 5.1.1).

Die hier dargelegte doppelte Präsentationsfassade stellt in der Tat eine Herausforderung dar, die im Forschungsprozess, bei der Erhebung und Auswertung unabdingbar zu reflektieren ist. Lassen sich die Paare erst einmal gemeinsam befragen, so kann dieser Sachverhalt auch reflexiv berücksichtigt werden. Üblicherweise kommen dennoch mehr oder weniger ausgeprägt unterschiedliche Sichtweisen zutage. Zudem besteht eben auch die Möglichkeit, zusätzliche Einzelinterviews zu führen.

Jedoch lässt sich die hier dargelegte (teilweise vermeintliche) Schwachstelle des Paarinterviews auch als eine Stärke betrachten: Wie wir in Kapitel 2.2.3.1 darlegten, kann gerade die Art und Weise der Präsentationsfassadenerrichtung und die Art und Weise der Konstruktion und Performanz von Konsensfiktionen mit Blick auf Konflikte im Paar und auf die innere Logik der Paarbeziehung sehr aufschlussreich – und aufschlussreicher als Einzelinterviews – sein.

Eine deutlich größere Herausforderung und systematische Einschränkung stellt hingegen die schon vor einem Interview stattfindende Vorauswahl von Paaren dar, die sich aufgrund größerer Konflikte oder einer bevorstehenden Trennung gar nicht erst zu einem gemeinsamen Interview und oft auch nicht zu zwei getrennten Interviews bereit erklären. Für die Trennungs- und Scheidungsforschung und für im wahrsten Sinne des Wortes ‚prekäre Paare' sind Paarinterviews also nicht sonderlich geeignet – hier ist in den meisten Fällen besser auf andere Erhebungsmethoden wie Einzelinterviews zurückzugreifen.

3 Forschungspraxis: Bisherige Anwendung und Forschungsstand

In diesem Kapitel wenden wir uns den Themen und Fragen zu, die im deutschsprachigen Raum in den letzten Jahren mittels qualitativer Paarinterviews untersucht wurden. Hierbei unterscheiden wir drei thematische Bereiche, für die wir je einige wichtige Arbeiten präsentieren: empirisch begründete Grundlagentheorie zum *doing couple*, Fragen nach Persistenzen und Veränderungen von ungleichen Geschlechterverhältnissen und verschiedene Transitionsphasen von Paaren. Diese Einteilung ist nicht trennscharf, da beispielsweise Transitionsphasen oft auch unter der Perspektive von Ungleichheiten in den Geschlechterverhältnissen untersucht werden.[27]

Unsere Vorstellung von Studien ist nicht vollständig, sondern wir haben exemplarische Studien ausgewählt, welche die inhaltliche Spannweite möglichst breit veranschaulichen sollen. Wir benennen auch knapp das jeweilige methodische Vorgehen. In wenigen Fällen referieren wir auch Studien, in denen keine Paar-, sondern Einzelinterviews geführt wurden, die aber für bestimmte Themen Vorreiter waren oder sind.

---

27   Auch wären andere Gliederungen möglich. So unterscheiden wir andernorts zum Beispiel folgende Themen: Diskursive Ebene: Wandel und Egalisierung von Beziehungsleitbildern; grundlagentheoretische Arbeiten zu Paarbeziehungen; Partnersuche, Onlinedating, Heiratsmärkte und Endogamie; alltägliche Herstellungsleistungen und *doing couple*; Arbeitsteilung, Vereinbarkeit und die Herstellung von Ungleichheiten; Übergänge und Transitionsphasen inklusive Familiengründung; Männlichkeit, Vaterschaft und Väter in Elternzeit (Wimbauer/Motakef i. E.).

3.1 Empirisch begründete Grundlagentheorie zum ‚doing couple'

Erstens sind – tatsächlich nur wenige – Studien zu nennen, die Angebote einer *empirisch begründeten Grundlagentheorie* zum *doing couple* vorlegen.[28] Einen wesentlichen Ausgangspunkt einiger dieser Arbeiten stellt die an Fritz Schütze anschließende Biographieforschung dar. Innovative grundlagentheoretische Überlegungen für biographisch-narrative Paarinterviews liefert *Bettina Dausien* (1996) in ihrer an Schütze anschließenden Untersuchung des Verhältnisses von Biographie und Geschlecht. Dausien betont, dass Biographien nie isoliert, sondern immer in ihren sozialen Bezügen zu betrachten sind. Sie führte 18 narrativ-biographische Einzelinterviews mit Frauen und Männern aus dem „proletarischen Milieu" (ebd.: 123). Um die Paarebene einbeziehen zu können, schloss Dausien auch Partnerinterviews – aber keine Paarinterviews – in ihr Sample mit ein. In dem Buch werden vier kontrastierende Fälle aus den 18 Fällen ausgewählt. Auf der gesamten empirischen Grundlage entwickelt die Autorin ein Konzept der biographischen Synchronisation, mit dem sie die vielfältigen „Strategie(n, C.W. und M.M.) der Verknüpfung zweier Biographien" (ebd.: 556) in ihrem Material rekonstruiert.

Maja Maier (2008) rückt die Paaridentität des Paares als die auf Dauer gestellte Selbstdefinition der Partner*innen als Paare mitsamt der Formen von Verbindlichkeit und Exklusivität, die permanent zwischen den Partner*innen ausgehandelt werde, in den Mittelpunkt. Sie führte zwar keine Paarinterviews, aber leistet bedeutsame Grundlagenarbeit und fokussiert zudem als eine der wenigen auch gleichgeschlechtliche Paare. Maier führte narrative Einzelinterviews mit beiden Partner*innen von 24 homo- und heterosexuellen Paaren. Auf dieser empirischen Grundlage rekonstruiert sie Paarbiographien, worunter sie nicht die Biographie des Paares versteht, sondern die individuellen Biographien in ihrem Bezug zum Paar. Sie entwickelt eine Typologie von fünf narrativen Paaridentitäten: *biographische Selbstverständlichkeit, Vertrauensbeziehung, pragmatische Festlegung, Ambivalenz* und *interaktive Exklusivitätserzeugung* (Maier 2008: 71ff). Wenngleich die Fokussierung von Paaridentitäten grundlagentheoretisch weiterführend ist, so kritisiert Anke Spura doch den „methodischen Zugang(s) und dessen Begründung, wonach durch die Erhebung und Auswertung narrativer Einzelinterviews eine Rekonstruktion narrativer Paaridentität auf der Ebene des Individuums erschöpfend möglich

---

28 Selbstredend haben auch die in Kapitel 2 vorgestellten Autoren Berger und Kellner (1965) Grundlagentheorie betrieben, jedoch nicht mittels Paarinterviews. Auch Hahn (1983) stellte mit den Konsensfiktionen ein grundlagentheoretisches Konzept vor. In seinem Projekt wurden aber beide Partner*innen von 300 Paaren quantitativ – getrennt voneinander und gleichzeitig, in drei Wellen – befragt.

sein soll" (Spura 2014: 31f.). Sie plädiert dafür, zu diesem Erkenntnisinteresse Paarinterviews zu führen.

Anke Spura (2014) fragt nach dem Verhältnis des Paares und seinen Individuen und interessiert sich mit Georg Simmel für die Prozesse sozialer Wechselwirkungen zwischen Paarbeziehungen und individuellen Biographien, die sie mithilfe von narrativen Paarinterviews und zeitlich darauf folgenden biographischen Einzelinterviews mit zwei leistungsorientierten Doppelkarriere-Paaren aus einem Sample von insgesamt elf Paaren rekonstruierte. Die Autorin zeigt in ihrem Material, ausgehend von Schütze und im Anschluss an Dausien, wie es etwa einem Paar durch Beziehungsarbeit gelingen kann, unterschiedliche individualbiographische Orientierungen in einer gemeinsamen Leistungsorientierung zu vereinen, während ein anderes Paar an dieser Synchronisationsarbeit scheitert. Sie entwickelt schließlich ein empirisch begründetes theoretisches Modell triadischer Wechselwirkungen zwischen der biographischen Ebene und der Ebene der Paarbeziehung. Hierbei zeigt sie erstens, „wie in konkreten Paarbeziehungen, als primäre Formen von Vergesellschaftungsprozessen, biographische und beziehungsförmige ‚Realitäten sui generis' entstehen" (ebd.: 345) und zweitens, „dass das Paar durch eine triadische Wechselwirkungsstruktur gekennzeichnet ist, in die (...) eine dreifache Relationalität eingelagert ist: Die erste relationale Ebene beinhaltet eine dreifache monadische Relation, die zweite eine einfache dyadische Relation und die dritte Ebene verweist auf eine triadische Relation" (ebd.: 346).

Neben der Biographieforschung sind ethnografisch angelegte Studien ein weiterer zentraler Ausgangspunkt, von dem aus Überlegungen für eine empirisch begründete Grundlagenforschung vorgestellt werden. Existierende ethnografietheoretisch inspirierte Arbeiten fassen ihre Verwendung von Paarinterviews, wie etwa *Stefan Hirschauer, Anika Hoffmann* und *Annekathrin Stange* (2015), als Formen teilnehmender Beobachtungen und plädieren dafür, eine größere Sensibilität dafür zu entwickeln, was die Befragten, wie oben erwähnt, *während* der und *mit* den Interviews tun: Die Autor*innen beobachten etwa, wie das Paarinterview als Tribunal für Anklagen, als Möglichkeit der Beichte sowie der Selbstvergewisserung als werdendes Elternpaar genutzt wird. Dies fordern bereits *Stefan Hirschauer, Birgit Heimerl, Anika Hoffmann* und *Peter Hofman* (2014) in ihrem Entwurf einer Soziologie der Schwangerschaft, in der sie die in der Literatur übliche Zentrierung von Schwangerschaft nur auf Frauen* kritisieren (ebd.: 10). In der methodenpluralen Studie wurden 90 offene Interviews geführt, davon 17 Paarinterviews, in insgesamt 63 geschlechtsungleichen und acht geschlechtsgleichen Paarbeziehungen, sowie Schwangerschaftstagebücher ausgewertet, die Schwangerschaftsinteraktion im Paar beobachtet, Freund*innen und Familie mit einbezogen und eine Ethnografie in einer Privatklinik angestellt.

Martin Stempfhuber (2012) richtet sein Augenmerk auf die performative Herstellung von Intimität bei Paaren, die er auf der empirischen Grundlage von zwölf Paarinterviews beobachtet und mit intimitätssoziologischen Überlegungen konfrontiert. Auch Stempfhuber plädiert dafür, die Paarinterviewsituation als „Ort einer sozialen Praxis" (ebd.: 191) ernst zu nehmen, in der ‚Paargeschichten' nicht einfach nacherzählt und dargestellt, sondern eben performativ inszeniert werden. Wird die „Selbstdarstellungspraxis der Paare" (ebd.: 168), also ihre eigene Praxis als Paar, berücksichtigt, bedeutet dies etwa, dass sich nicht nur ein *doing couple*, sondern vielmehr ein „*doing doing couple*" (ebd., Hervorh. im Orig.) offenbare[29] (ähnlich auch Stempfhuber 2013).

3.2 Wandel von Geschlechterverhältnissen

Zweitens können Analysen versammelt werden, die den *Wandel von Geschlechterverhältnissen* fokussieren. Diese sind häufiger zu finden als grundlagentheoretische Arbeiten. Ihnen ist gemeinsam, dass sie Transformationen von Erwerbsarbeit, Fürsorgetätigkeit und von Formen des Zusammenlebens als Ausgangspunkt nehmen und nach Persistenzen und Wandel von Machtverhältnissen in Paaren sowie nach Veränderungen der Geschlechterverhältnisse fragen. Häufig werden dabei Fragen nach dem *doing couple* mit solchen nach dem *doing inequality* verbunden.

3.2.1 Untersuchungen von Doppelkarriere-Paaren

In den letzten Jahren fanden Doppelverdiener- und besonders *Doppelkarriere-Paare* vermehrte Beachtung. Anders als bei Doppelverdiener-Paaren, die sich dadurch auszeichnen, dass beide Partner*innen ein Einkommen erzielen, lassen sich Doppelkarriere-Paare durch eine hohe Bildung sowie eine starke Orientierung an beruflichem Erfolg und Egalität im Paar kennzeichnen (Solga/Wimbauer 2005).

Christine Wimbauer (2012) untersucht in ihrer an Axel Honneth (1994, 2011) anschließenden anerkennungstheoretischen Studie, wofür sich die von ihr befragten Doppelkarriere-Paare wechselseitig anerkennen (*doing intersubjective recognition*) und wie in diesen Paaren Anerkennung institutionell und intersubjektiv ermöglicht

---

29 Damit meint der Autor, „dass selbst noch die Sichtbarkeit der Performativität performativ hergestellt werden muss, die Sichtbarkeit der Paarpraxis noch praktisch erzeugt werden muss" (ebd.: 169), was im Paarinterview ersichtlich werde.

3.2 Wandel von Geschlechterverhältnissen

oder verhindert wird. Auf der empirischen Grundlage von ausführlichen teilleitfadengestützten narrativen Paarinterviews mit elf Doppelkarriere-Paaren sowie darauf folgenden teilbiographischen Einzelinterviews mit beiden Partner*innen zeigt sie Hürden für berufliche Anerkennung, denen sich insbesondere Frauen* gegenüber finden. Weiter fragt sie nach dem Verhältnis von ‚Liebe' und ‚Leistung' als den beiden zentralen Medien in den Anerkennungssphären Erwerbsarbeit und Familie/Paarbeziehung. ‚Leistung' und ‚Liebe' können sich im Paar ergänzen, es kann aber auch zu einer einseitigen und vergeblichen ‚Liebes'-Suche in der beruflichen Sphäre kommen. Mit Blick auf die ‚Liebessphäre' zeigt Wimbauer schließlich, dass das durch Subjektivierungsversprechen beförderte Anerkennungsstreben in den Doppelkarriere-Paaren eine Selbstverdinglichung eines der Partner*innen und/oder eine Fremdverdinglichung des anderen – oft, aber nicht immer der Frauen* – befördern kann. ‚Leistung' ersetzt dann die Liebe, was Wimbauer als eine potentielle Ökonomisierung von ‚Liebe' durch ein ausuferndes berufliches Leistungs- und Anerkennungsstreben interpretiert.

Cornelia Behnke und *Michael Meuser* (2003, 2005) richten ihren Blick auf das Vereinbarkeitsmanagement von Doppelkarriere-Paaren, ausgehend von der Überlegung, dass für die Paare eine Neujustierung der Sphären Beruf und Familienleben erforderlich wird. Im Zentrum stehen die alltäglichen Arrangements der Vereinbarkeit von Familienleben und Doppelkarriere. Dazu führten sie biographische Paarinterviews mit 15 Doppelkarriere-Paaren aus Wissenschaft, Wirtschaft und mit Freiberuflichen sowie Expert*inneninterviews in Organisationen. Die Paare unterscheiden sich auch hinsichtlich ihrer Generationenzugehörigkeit und darin, ob sie Kinder haben oder nicht. Wie die Autor*innen zeigen, sind alle Paare an gleichwertigen beruflichen Karrieren orientiert, aber alle Paare außer die der jungen Generation ordnen die Karriere des Mannes derjenigen der Frau über. Zudem liege die Zuständigkeit für die Vereinbarung von Familie und Beruf überwiegend bei den Frauen, die daher als ‚Vereinbarkeitsmanagerinnen' bezeichnet werden.

Ausgehend von der Überlegung, dass mit den neuen Elternzeitgesetzen neue Handlungsoptionen für Paare geschaffen werden, ihre Familiengründungsphase zu gestalten, analysiert *Almut Peukert* (2015) die Begründungsmuster, mit denen Doppelverdiener- und Doppelkarriere-Paare ihre Elternzeitarrangements aus- und verhandeln. Dazu führte sie leitfadengestützte Paar- und folgende Einzelinterviews mit neun Paaren, die sie mit Beobachtungsprotokollen kombinierte. Sie arbeitet vier „Begründungsfiguren zur Selbst- und Fremdzuschreibung von Betreuungsverantwortung als Ergebnis von vorangegangenen Aushandlungen" (ebd.: 274) heraus: *Sameness Taboo*, *Hegemonic Mothering*, *Maternal Gatekeeping* und *Equally Shared Parenting*. Ein weiteres zentrales Ergebnis lautet, dass nicht einfach „‚Aushandlungs- und Machtvorteile[n]', wie Karrierestatus oder ein nominal höheres

Erwerbseinkommen" (ebd.) als entscheidend für die Arbeitsteilung im Paar zu betrachten sind, sondern das jeweilige spezifische „(Ir-)Relevantsetzen von Beruf, Karriere und Einkommen" (ebd.: 278) im Paar.

Doppelkarriere-Paare werden auch untersucht, um zu verstehen, welche Bedeutung die Paarebene als solche für Barrieren in weiblichen Karriereverläufen hat. In der Studie von *Nina Bathmann, Waltraud Cornelißen* und *Dagmar Müller* (2013) wurden in den 1990er Jahren erhobene Einzelinterviews (Keddi et al. 1999) mit zehn Frauen und sechs ihrer Partner sekundäranalytisch ausgewertet und neue Daten erhoben. Diese umfassten 47 narrativ-biographische Einzelinterviews mit hochqualifizierten Frauen in Partnerschaften und 39 Partnern sowie ein Jahr später 37 gemeinsame Paarinterviews. Hiervon wurden ausgewählte Fälle rekonstruiert. Die Autorinnen befragten hetero- und homosexuelle Paare mit und ohne Migrationshintergrund und führten teilweise eine Panelbefragung durch, was allesamt selten ist. Untersucht wird, wie die Paare ihren Alltag organisieren, Beruf und Familie vereinbaren und welche Strategien sie entwickeln, um zwei Berufsverläufe miteinander zu koordinieren. *Nina Bathmann, Dagmar Müller und Waltraud Cornelißen* (2011) arbeiten anhand dieses Datenmaterials zwei Verlaufsformen der Verflechtung von Karrieren heraus: die Priorisierung der männlichen Berufskarriere und die Aufrechterhaltung des Doppelkarrierearrangements.

3.2.2 Geldarrangements in Paaren

Geldarrangements von Doppelverdiener-Paaren stehen im Zentrum zahlreicher Publikationen, die im Teilprojekt B6 „Gemeinsam leben, getrennt wirtschaften" des SF 536 „Reflexive Modernisierung" verfasst worden sind.[30] Die Publikationen eint, dass sie im Anschluss an Georg Simmel Paarbeziehungen als relational und als Form zweier Individuen-in-Beziehungen fassen.

Christine Wimbauer (2003) untersucht das Verhältnis von Geld und Liebe in Paarbeziehungen und arbeitet die symbolische Bedeutung von Geld als Ausdruck der Beziehungsstruktur heraus. Sie kommt zu dem Schluss, dass mehr ‚eigenes Geld' von Frauen* nicht gleichsam automatisch auch mehr Macht von Frauen* in Paarbeziehungen bedeutet: Geld als soziales Beziehungsmittel kann in Paarbeziehungen ein Macht- und Ungleichheitsgefälle erzeugen, das über das reine Mehr oder Weniger des Geldes hinausreicht. Materialbasis bilden narrative leitfadengestützte

---

30 An dieser Stelle werden nicht sämtliche Veröffentlichungen referiert, siehe dazu Vorwort und Einleitung.

Paarinterviews mit insgesamt elf Paaren, darauf folgende Einzelinterviews mit beiden Partner*innen sowie Beobachtungsprotokolle.

Ebenfalls anhand dieser Daten beschäftigen sich *Andreas Hirseland, Holger Herma* und *Werner Schneider* (2005) mit den Chancen und Risiken, die für die Partner*innen mit dem Versuch einer Synchronisation ihrer Geldarrangements und ihrer Beziehungskonzepte einhergehen können. Sie untersuchen die Geldarrangements der Paare und die alltägliche Ausgestaltung von ‚mein-dein-unser Geld', um die hinter den geldvermittelten Praktiken des Gebens und Nehmens stehenden Beziehungskonzepte zu analysieren. Individualistisch-egalitäre Beziehungskonzepte entfalten im Vergleich zu kollektivistisch orientierten über den paar- und individualbiographischen Zeitverlauf hinweg jeweils ‚eigensinnige' Ent- und Verpflichtungsdynamiken. Diese treten den Partner*innen im Zusammenspiel mit den jeweiligen Geldarrangements als unterschiedliche Synchronisationszwänge gegenüber.

Andreas Hirseland, Werner Schneider und *Christine Wimbauer* (2005) zeigen, dass bei den posttraditionalen Zweiverdiener-Paaren eine ‚Ökonomie der Moral' im Privaten in Erscheinung tritt, die immer schon beziehungsgeldvermittelt und an einer ‚Moral der Ökonomie' und der ihr folgenden Selbst-Ökonomie ausgerichtet ist.

Werner Schneider, Andreas Hirseland, Wolfgang Ludwig-Mayerhofer und *Jutta Allmendinger* (2005) veranschaulichen, dass Geld im Alltag von Paaren nicht gleich Geld ist, sondern von ihnen mit unterschiedlichen Wertigkeiten und Funktionen versehen wird. Sie arbeiten vielfältige Muster der Zurechnung von Geld als Beziehungsgeld heraus und unterscheiden zwischen Reproduktions- und Versorgungsgeld, das dem Aufrechterhalten der Beziehung dient, sowie zwischen Extensions- und Distinktionsgeld, das den einzelnen Partnern zur Verfügung steht (zuerst in: Hirseland/Schneider 2004). Schließlich verbinden die Autor*innen die jeweilige Bedeutung von Geld mit dessen ko- oder kontraindividualisierenden Effekten im Paar.

Caroline Ruiner (2010) fragt in einer nichtstandardisierten Wiederholungsbefragung – was höchst selten ist – eben dieser Paare, die über neun Jahre ‚verfolgt' wurden, wie die Paare in der Bestandsphase ihre Biographien über den Zeitverlauf abstimmen und wie sich dabei in Paarbeziehungen der Umgang mit Geld verändert. Eine zentrale Rolle spielen hierbei die jeweiligen Beziehungskonzepte der Partner*innen.

3.2.3 Hausarbeitsteilung in Paaren

Ein Klassiker der Paarforschung ist die Untersuchung der *Hausarbeitsteilung* bei verschiedengeschlechtlichen Paaren. Zwar lässt sich mit den Veränderungen von Paarbeziehungen und ihren Ausgestaltungsidealen nicht mehr von einer quasi-natürlichen Zuständigkeit von Frauen* für die Hausarbeit ausgehen, dennoch sind es nach wie vor Frauen*, die den überwiegenden Teil der Hausarbeiten übernehmen. Eine der berühmtesten Untersuchungen hierzu ist die in Frankreich durchgeführte Studie von *Jean-Claude Kaufmann* (1994), der den Blick auf den Umgang mit schmutziger Wäsche in Paarbeziehungen richtet, mit dem Ziel, Spuren paarinterner Auseinandersetzungen nachzuzeichnen. Seine Materialbasis sind Einzelinterviews mit beiden Partner*innen der Paare und darauf folgende Paarinterviews mit 20 Paaren in Form des „verstehenden Interviews" (hierzu Kaufmann 1999a). Er zeigt, wie das alltägliche Handeln in Paarbeziehungen von tief eingeschliffenen, den Spuren tradierter Männlichkeit und Weiblichkeit folgenden, sedimentierten Handlungen und Routinisierungen von körperlichen Gesten geprägt ist und den artikulierten Gleichheitsnormen auf diffizile und oft unmerkliche Weise zuwiderläuft. Diese Überlegungen führt er in seiner „Theorie der Haushaltstätigkeit" (Kaufmann 1999b) weiter, in der er sich mit verschiedenen Tätigkeiten wie der Praxis des Bügelns beschäftigt. Hiernach handeln die Akteure nicht rational, sondern „der innere Handlungsantrieb (reaktiviere) das Gedächtnis der Vergangenheit", das „einerseits im tiefsten Inneren jedes Individuums, seinen Gewohnheiten, die es sich zutiefst einverleibt hat, und andererseits in Verhaltensmodellen, in gesellschaftlichen Normen, die von außen aufgezwungen werden" (Kaufmann 1999b: 166), gelagert ist. In dieser Studie führte er allerdings keine Paarinterviews, sondern Einzelinterviews in 27 Haushalten.

Auch *Cornelia Koppetsch* und *Günter Burkart* (1999) interessiert die Diskrepanz von Gleichheit und Ideal in der Verteilung von Hausarbeit. Hierzu stellen sie einen Milieuvergleich zwischen individualisiertem, familistischem und traditionalem Milieu an. Nur das individualisierte Milieu sei diskursiv an Egalität orientiert, jedoch werde Gleichheit selbst dort nicht eingelöst, sondern Ungleichheiten würden im Paar dethematisiert (siehe Kapitel 2). Ähnlich wie Kaufmann (1994) führten sie erst Einzel-, dann Paarinterviews und erstellten Beobachtungsprotokolle.

Cornelia Koppetsch und *Sarah Speck* (2015) fokussieren Familienernährerinnen-Paare, also Paare, in denen die Frau mehr verdient als der Mann. Ebenfalls in einem Milieuvergleich rekonstruieren sie, ob der Status der Familienernährerin mit einem Zuwachs an weiblicher Macht im Paar und einer Umverteilung von Hausarbeit einhergeht. Dabei zeigen sie, dass es trotz Gleichheitsorientierung gerade nicht im individualisierten Milieu zu einer Lockerung geschlechterdifferenter Zuschreibungen und einer Umverteilung von Hausarbeit kommt. Es ist das eher wertkonservative familistische Milieu, in dem Männer hauptverantwortlich Haus- und Sorgearbeiten übernehmen. Dies begründen die Autorinnen damit, dass für Paare dieses Milieus nicht Selbstverwirklichung in der Erwerbssphäre, sondern Familie den zentralen Orientierungsrahmen bildet. Es wurden insgesamt

29 heterosexuelle Paare interviewt, wobei die Paare einzeln und direkt anschließend gemeinsam befragt wurden. Zudem wurden Beobachtungsprotokolle erstellt.

Kai-Olaf Maiwald (2007) knüpft in seiner anerkennungstheoretischen Studie zur Hausarbeitsteilung an Honneth an und führte offene paarbiographische Interviews sowie Einzelinterviews mit zehn Paaren. Anhand von illustrierenden Fallbeispielen stellt er ein theoretisches Modell vor, nach dem die emotionale Grundierung der Beziehung und die wechselseitige Anerkennung der Individualität auf spezifische Weise in der häuslichen Arbeitsteilung selbst verankert seien. Das in den Paaren je ausgebildete Arbeitsteilungsarrangement verweise auf einen geteilten Kooperationsmodus, der wiederum das Ergebnis eines Sozialisationsprozesses sei.

Ursula Offenberger (2016) untersuchte die „geschlechterdifferenzierende Arbeitsteilung im Haus" (ebd.: 6) dahingehend, wie „Zuhause" entsteht. Sie führte neun leitfadengestützte Paarinterviews mit heterosexuellen Hauseigentümer*innen, die eine neue Heizanlage mit erneuerbaren Energien erworben hatten; hinzu zog sie teilnehmende Beobachtungen, Text- und Bilddokumente und Experteninterviews. Im Zentrum standen die Kaufentscheidungen der Paare und der alltägliche Umgang mit der neuen Technologie, um aus einer pragmatistisch-interaktionistischen Perspektive den Prozess der sozialen Konstruktion von Technik sowie Praktiken der Entstehung von Häuslichkeit und damit von Geschlechterdifferenzierungen zu eruieren.

Wie *gleichgeschlechtliche* Paare die Verteilung der anzufallenden Arbeit deuten, wird in einer Studie von *Lena Schürmann* (2005) fokussiert, die auf acht narrativen Paarinterviews mit schwulen und lesbischen Paaren basiert. Diesen Paaren stehen gesellschaftlich legitimierte geschlechterdifferenzierende Orientierungshilfen, auf die heterosexuelle Paare bei der Hausarbeitsteilung zurückgreifen können, nicht in derselben Weise zur Verfügung. Sie können insofern als ‚Avantgarde' von Partnerschaften angesehen werden. Anhand von Fallstudien zeigt die Autorin, nach welchen Konstruktionslogiken die Paare Beteiligungsregeln für die Hausarbeit entwerfen, welche Funktionen der Hausarbeit in den partnerschaftlichen Deutungsmustern zukommen und in welcher Weise das Verfolgen von beruflichen Aspirationen beider Partner*innen jeweils möglich ist.

3.2.4 Vereinbarkeit von Familie und Beruf

Anneli Rüling (2007) beforschte strukturell egalitäre Paare – Eltern, die sich Erwerbsarbeit und Kinderbetreuung teilen – danach, wie eine gleichberechtigte Vereinbarung von Familie und Beruf möglich ist und welche Rolle dabei wohlfahrtsstaatliche Rahmenbedingungen spielen. Sie führte leitfadengestützte, problemzentriert-diskursive Einzelinterviews mit beiden Partner*innen und diskursive Interviews mit den Paaren gemeinsam. Sie befragte 25 heterosexuelle und ein lesbisches Elternpaar und identifizierte drei strukturell egalitäre und zwei strukturell spezialisierte Arrangements von Arbeit und Leben. Schließlich arbeitet sie drei ‚Traditionalisierungsfallen' heraus: der berufliche Wiedereinstieg der Mutter als Armutsrisiko, die Koordinierung der beruflichen Entwicklung beider Eltern als Überforderung und geschlechtsspezifische Deutungen bei Kindererziehung und Hausarbeit.

Tomke König (2012) führte 25 qualitative Interviews mit überwiegend hetero-, aber auch homosexuellen Elternpaaren sowie vertiefende Einzelinterviews und untersuchte die Ordnungen familialer Geschlechterarrangements. Als ein Ergebnis schlägt sie vor, die oft kritisierte Auflösung der Sphärentrennung von Erwerbsarbeit und Familie als positiv zu sehen, da dadurch auch die binäre Logik der Geschlechterordnung in Bewegung geraten könne. Etwa zeigte sie, dass prekär beschäftigte Männer durchaus alternative Vorstellungen von Männlichkeit entwickeln, die sich nicht an Erwerbsarbeit orientieren. Die Geschlechterverhältnisse können dann zu einem „‚Motor' für eine gesamtgesellschaftliche Transformation des Ökonomischen" (ebd.: 215) werden.

3.2.5 Veränderte Männlichkeitskonstruktionen und Vaterschaft

Spätestens seit der Elterngeldreform im Jahr 2007 erfährt die Männer- und Männlichkeitsforschung einen großen Aufmerksamkeitsgewinn. Verschiedene Studien entstanden, die *veränderte Männlichkeitskonstruktionen* und veränderte Leitbilder und Entwürfe von väterlichem Engagement und Vaterschaft fokussieren. *Cornelia Behnke* und *Michael Meuser* (2013) untersuchen die Frage, was Elternpaare von jungen Kindern unter aktiver Vaterschaft verstehen und in welchem Verhältnis ihre Vorstellungen von Vaterschaft mit ihrer Milieuzugehörigkeit zusammenhängen. Datengrundlage sind biographisch-narrative Paarinterviews mit 36 heterosexuellen Elternpaaren in Ost- und Westdeutschland mit und ohne akademischen Hintergrund.

Cornelia Behnke, Diana Lengersdorf und *Michael Meuser* (2013) arbeiten auf dieser Datenbasis Unterschiede zwischen ost- und westdeutschen Paaren bezüglich ihrer Rahmung von väterlichem Engagement heraus. Die westdeutschen, bildungsbürgerlichen Paare ihres Samples sind zwar an Egalität orientiert, führen aber dennoch ein traditionelles Familienarrangement weiter. Das höhere väterliche Engagement wird bei den ostdeutschen Paaren hingegen als Selbstverständlichkeit vorausgesetzt, während einige dieser Paare die Inszenierung von väterlichem Engagement als westdeutsche Rahmung verstehen (siehe auch Behnke 2012).

Nicht väterliches Engagement, sondern das nur sehr wenig erforschte Phänomen der *Mehrfachdiskriminierung* bei schwulen binationalen Paaren steht im Mittelpunkt der intersektionalen Studie von *Zülfukar Çetin* (2012). Er untersuchte 15 Paare, die sich mit Homophobie und Islamophobie konfrontiert sehen. Er interessiert sich für die Wahrnehmungen, die Verarbeitungs- und Umgangsstrategien der Partner von binationalen Paaren, die er allerdings nicht mit Paarinterviews, sondern mit biographisch-narrativen Einzelinterviews rekonstruierte. Dies ist eine der wenigen Studien zu diesem Thema, weshalb wir sie hier trotz der geführten Einzelinterviews erwähnen.

3.3 Transitionsphasen

Drittens lassen sich Studien zusammenfassen, die sich mit Übergangsphasen und den sich hieraus ergebenden besonderen Herausforderungen für Paare beschäftigen. *Birgit Behrisch* (2014) fasst körperliche Veränderungen als solche Herausforderungen und fokussiert Paare, deren Zusammenleben durch eine *Körperbehinderung* eines*r der Partner*innen irritiert wird. Sie fragt: Wie ändert sich die Paarbeziehung durch die veränderte Körperlichkeit? Behrisch möchte mit der Studie dazu beitragen, eine gesellschaftliche Auseinandersetzung mit dieser Personengruppe anzustoßen und „individuumszentrierte Blickwinkel auf Ereignisse im Gesundheitskontext" (Behrisch 2014: 59) zu erweitern. Behrisch führte Paar- und folgende Einzelinterviews mit 15 Paaren, in denen ein*e Partner*in erst im Beziehungsverlauf körperbehindert wurde sowie Kontrastinterviews mit Paaren, bei denen die Krankheit des Partners oder der Partnerin bereits vor der Paarwerdung eintrat.

Körperliche Veränderungen werden auch in Studien adressiert, die sich mit *Schwangerschaften* in Paaren beschäftigen. In ihrem Entwurf einer Soziologie der Schwangerschaft bilden Paarinterviews eine von mehreren Erhebungsmethoden in der ethnografischen Studie von *Stefan Hirschauer et al.* (2014) sowie *Stefan Hirschauer et al.* (2015) (ausführlicher siehe 3.1). Den Einsatz von Paarinterviews verstehen sie, wie bereits erwähnt, als Formen teilnehmender Beobachtung.

Auch jenseits körperlicher Veränderungen werden Transitionsphasen von Paarbeziehungen in Studien bearbeitet, sind doch Übergänge ein zentrales Thema der lebenslauforientierten Ungleichheits- und Familiensoziologie. *Claudia Gather* (1996) rückt den Übergang in den Ruhestand in den Fokus. Dabei interessiert sie sich für Paarkonstellationen, in denen es zu einem geschlechterdifferenten Rollenwechsel kommt, da der Mann zuerst in den Ruhestand geht und die Frau in Erwerbsarbeit eingebunden bleibt. Diese vergleicht sie mit Paaren, in denen beide Partner*innen bereits im Ruhestand sind. Sie fragt: Was bedeutet dieses Arrangement für vergeschlechtlichte Machtstrukturen und Arbeitsteilungen im Paar? Gather führte dazu zehn teilleitfadengestützte biographisch-narrative Paarinterviews und erstellte Beobachtungsprotokolle. Sie arbeitet fünf Typen heraus: den Typus ‚ungebrochenes Männerbild', die ‚Absicherung von männlicher Dominanz', ‚Unzufriedenheit der Frauen mit dem Männlichkeitsbild', ‚Verunsicherung des Mannes' und ‚Dekonstruktion der ‚männlichen' Rolle'.

Eva Soom Ammann (2011) rückt aus kulturanthropologischer Sicht und biographischer Perspektive das Phänomen des Älterwerdens in der Migration ins Zentrum und möchte dabei in der Forschung auffällige ethnische Besonderungen überwinden sowie ein in der Migrationsforschung weitgehend vernachlässigtes Thema stärken. Sie führte fünf biographisch-narrative Paarinterviews mit italienischen Arbeitsmigrant*innen in der Schweiz und zwei Einzelinterviews mit Frauen aus solchen Paare, alles in italienischer Sprache (zum Umgang mit mehrsprachigen Interviews siehe 4.3.2). Sie plante zu Beginn, im Anschluss an die Paarinterviews Einzelinterviews durchzuführen, verwarf dies jedoch, da beide Partner*innen in der Regel immer im Haushalt anwesend waren und es ihr „seltsam" (ebd.: 211) erschien, hätte sie eine Person aus der Interviewsituation ausschließen müssen. Die Studie liefert einen differenzierten Einblick in den Alltag und die Lebensgestaltung von Schweizer ‚Gastarbeiter*innen', wie sie sich für das Altern in der Migration zeigt.

Astrid von Sichart (2016) untersucht aus einer (systemisch psycho)therapeutischen Perspektive Resilienz von Paaren mit langandauernden Partnerschaften und fragt, wie diese Paare Krisen ohne professionelle Unterstützung überwunden haben. Sie führte mit zehn hetero- und homosexuellen Paaren 18 Paargespräche; sechs dieser Paare wurden in die Auswertung einbezogen. Triangulierend analysiert von Sichart zudem von drei Paaren je ein zur Verfügung gestelltes Foto aus guten Zeiten und aus Krisenzeiten. Die Auswertung erfolgte nach der Dokumentarischen Methode und mündete in eine sinngenetische Resilienz-Typenbildung mit den drei Typen Orientierung an einer Beziehungsordnung, Orientierung an Normalität und Orientierung an familiären Generationenzusammenhängen.

3.4 Zwischenfazit zum aktuellen Forschungsstand

Wie dieser kurze Überblick über bisherige Verwendungen von Paarinterviews im vorwiegend deutschsprachigen Raum veranschaulicht, können mittels Paarinterviews vielfältige Fragen untersucht werden: Zum einen grundlagentheoretische Fragen etwa danach, was ein Paar ist und wie es theoretisch und methodologisch

3.4 Zwischenfazit zum aktuellen Forschungsstand

adäquat zu fassen ist, und zum anderen mikrosoziologisch, an den Paaren und ihren eigenen Deutungen ansetzende Fragen nach aktuellen Erscheinungsformen, der interaktiven Ausgestaltung und der inneren Verfasstheit von Paaren angesichts gesellschaftlicher Veränderungen und/oder von Veränderungsdynamiken, die sich in den Paaren selbst ereignen (etwa Familiengründungen). Häufig werden Fragen untersucht, die am gesellschaftlichen Wandel von Erwerbs- und Fürsorgearbeit, von Formen und Leitbildern des Zusammenlebens und der Geschlechterverhältnisse ansetzen. Ausgehend von diesen Wandlungserscheinungen interessieren sich vorliegende Studien oft auch für veränderte und/oder persistente Machtrelationen und Ungleichheitsverhältnisse auf Mikroebene des Paares und fragen von hier aus wiederum nach gesellschaftlichen Implikationen dieser Veränderungen oder Persistenzen.

Mit der Fokussierung von Paarbeziehungen, also von zwei Individuen-in-Beziehungen, lassen sich in vielen Fällen umfassendere Einsichten gewinnen als mit einem individualistischen Blick, sind doch nicht nur die Lebensläufe der Partner*innen als verwoben im Sinne von „Linked Lives" (Moen 2003) zu verstehen. Auch die Sinn- und Deutungsgenerierung findet wesentlich in der wechselseitigen Bezogenheit der Partner*innen aufeinander statt. Insofern sind zahlreiche Phänomene wie etwa verhinderte berufliche Karrieren von Frauen*, Schwangerschaften, Familiengründungen, das Eintreten körperlicher Behinderungen oder die Herausbildung vielfältiger alltäglicher Arrangements eben nicht als Herausforderungen zu verstehen, die sich unabhängigen Einzelnen stellen, sondern als konsequent relationale (Beziehungs-)Phänomene. Die relationale Einheit ‚Paar' ist wiederum am ehesten mit einem Paarblick zu verstehen. Wie bereits erwähnt, ist das solchermaßen gefasste Paar als relationale Einheit schließlich in vielfältige weitere gesellschaftliche Kontexte eingebunden.

Abschließend ist festzuhalten: Wenn man den Forschungsstand betrachtet, so wird deutlich, dass bereits durchaus diverse Gruppen untersucht werden. Hierbei ist aber kritisch anzumerken, dass – mit einigen wenigen Ausnahmen – nach wie vor in der Mehrheit Paare fokussiert werden, die heterosexuell und dyadisch leben und die der ‚weißen, deutschen Mittelklasse' angehören. Damit bleibt für die deutschsprachige Paarforschung noch einiges zu tun. Schließlich werden im deutschsprachigen Raum auch persönliche Beziehungen jenseits der Paardyade kaum erforscht (siehe hierzu Kapitel 6.4).

Durchführung: Methodische und methodenpraktische Aspekte 4

In diesem Kapitel beschäftigen wir uns mit einigen wichtigen methodischen Fragen, die sich teilweise aus den methodologischen Besonderheiten ergeben, sowie mit methodenpraktischen Aspekten bei der Durchführung von Paarinterviews. Da es nicht möglich ist, dies vollständig zu leisten, wählen wir Aspekte aus, die uns besonders bedeutsam erscheinen und fokussieren Spezifika von Paarinterviews. Allgemein für Interviews Geltendes führen wir nicht systematisch aus, da es hierzu bereits eine Fülle an Lehrbüchern und Manuals gibt. An manchen Stellen erlauben wir uns dennoch, Hinweise zu geben, die für alle Arten von Interviews gelten. Auch liegt der Schwerpunkt auf der Durchführung, nicht auf der Auswertung von Paarinterviews – wenngleich Aspekte, die bei der Auswertung relevant sind, in die nachfolgenden Ausführungen einfließen und sich vieles, was wir zur Durchführung darstellen, erst vor dem Hintergrund der Erfahrungen mit der Auswertung erschließt.

Wir orientieren uns nachfolgend weitgehend am Ablauf des Forschungsprozesses und beginnen mit dem Sampling und der Paarrekrutierung (4.1), fahren fort mit der Art des Interviews, seinem Ablauf und – zentral – der Gesprächsorganisation (4.2) und thematisieren einige mögliche Schwierigkeiten bei der Durchführung des Interviews, auch mit Blick auf Mehrsprachigkeit (4.3). Mit der Transkription (4.4) beschäftigen wir uns nur kurz und zuletzt stellen wir exemplarische Auswertungsmethoden für Paarinterviews vor (4.5).

4.1 Sampling und Paarrekrutierung

4.1.1 Mögliche Ausschlüsse

Bei Paarinterviews treten die Herausforderungen verschiedener Ausschlüsse mit Blick auf das Sampling noch deutlicher zutage als bei Einzelinterviews, was wir aufgrund dessen hoher Bedeutung bereits in Kapitel 2 erwähnt haben. Zwar ist im interpretativen Paradigma nicht eine statistische Repräsentativität das Ziel, doch auch die hier angestrebte konzeptuelle Repräsentativität kann von möglichen ‚Verzerrungen' beim Sampling erschwert werden. So wurde nicht nur in unseren Studien deutlich: Doppelkarriere-Paare, denen ihr Vereinbarkeitsmanagement gelingt, Väter in Elternzeit, die sich womöglich als gesellschaftliche Vorreiter sehen, oder generell ‚glückliche Paare' zeigen sich häufiger einem gemeinsamen Interview gegenüber aufgeschlossener als etwa prekär beschäftigte Paare oder Paare, deren Alltagsgestaltung sich als schwierig erweist, etwa hinsichtlich der Vereinbarkeitsfrage oder der finanziellen Situation. So fiel uns die Rekrutierung sogenannter ‚prekär beschäftigter Paare' (die wir nicht als solche adressiert haben, siehe Fußnote 31) trotz intensiver Bemühungen sehr schwer; ebenso erging es nach mündlicher Auskunft Sarah Speck. Auch Behrisch (2014) schreibt, dass sich bei den von ihr untersuchten Paaren mit einer körperlichen Behinderung eher Paare meldeten, die mit der Situation vergleichsweise gut umgehen können. Solche Selektivitäten können durchaus zu verzerrenden Ergebnissen führen, weshalb eventuelle Effekte von den Forschenden zu reflektieren sind und sie versuchen sollten, dem gegenzusteuern.

Zudem ist, wie in Kapitel 2.2.4 dargelegt, eine geringe Interviewbereitschaft von Paaren, bei denen *Konflikte im Paar* bestehen und die sich daher womöglich nicht gerne befragen lassen möchten, sowie eine grundsätzliche Selektivität bei *potentiell im Paar konflikthaften Interviewthemen* wie Arbeitsteilung, Machtfragen oder ungleiche Anerkennung sowie bei womöglich *tabuisierten* oder als *intim betrachteten Themen* wie etwa Geld, Einkommen, Sexualität oder der Umgang mit einer lebensbedrohlichen Krankheit in Rechnung zu stellen. Die Problematik hinsichtlich potentiell konflikthafter Themen lässt sich zum Teil dadurch bearbeiten, solche Themen nicht herausgehoben bei der Paarrekrutierung zu benennen. Dabei sollten aber nicht gezielt relevante Informationen verheimlicht werden, denn es wäre unethisch, die Befragten fehl zu informieren.[31]

---

31 So würde man beispielsweise Paare, in denen beide Partner*innen prekär beschäftigt sind, nicht als „prekäre Paare" adressieren, sondern etwa mit der Ausbreitung unsicherer Beschäftigungsverhältnisse argumentieren. Ebenso würde man vermutlich besser nicht von „Männlichkeitskonstruktionen" oder „ungleichen Anerkennungsverhältnissen" und noch weniger von „Machtverhältnissen" sprechen, sondern eher von der Alltagsgestaltung

4.1 Sampling und Paarrekrutierung

Weiter ist zu reflektieren, dass Unterschiede in den *Selbstdarstellungskompetenzen* und der *Bereitschaft, sich selbst darzustellen,* verzerrende Folgen bei der Paarrekrutierung haben können. Diese Unterschiede sind zwar nicht per se an die Höhe der (Aus-)Bildung gebunden, jedoch hatten wir größere Schwierigkeiten, Paare mit geringer und mittlerer Qualifikation für ein Interview zu gewinnen als höher qualifizierte Paare. Es ist zu vermuten, dass dies unter anderem auf eine bestimmte Nähe oder Distanz zur Wissenschaft der unterschiedlichen Bildungshintergründe zurückzuführen ist sowie auf die Präponderanz eines eher diskursiven Kommunikationsstils in gebildeteren Schichten. Nach dem Milieuansatz von Koppetsch/Burkart (1999) und Koppetsch/Speck (2015) verfügten die drei von ihnen unterschiedenen Milieus über einen je privilegierten Kommunikationskanal: Nur im individualistischen Milieu sei dies der Diskurs, im familistischen Milieu sei es eine emotionsgebundene Ausdrucksweise und im traditionalen Milieu das Ritual, in welchem die Kommunikation vor allem an präreflexiv-symbolische, praktische Vollzüge und symbolische sowie körperliche Ausdrucksmittel gebunden sei (Koppetsch/Burkart 1999). Nach mündlichen Aussagen von Sarah Speck sei es insbesondere schwierig gewesen, Paare aus dem traditionalen Milieu zu rekrutieren.

Auch in unseren Studien ließen sich Männer*, die aufgrund ihrer Bildungs- und/oder Berufssituation keine Familienernährerrolle (mehr) im Paar einnehmen, deutlich schwieriger für ein Paarinterview gewinnen als beispielsweise Väter in Elternzeit oder Partner in Doppelkarriere-Paaren mit akademischem Hintergrund. Allerdings soll hier weder ein Essentialismus bedient noch ein Anspruch auf Repräsentativität entfaltet, sondern vielmehr ein Eindruck wiedergegeben werden. Dies galt zudem weniger ausgeprägt für Männer* mit ebenfalls mittlerer oder niedriger Qualifikation, die nicht in einer heterosexuellen Paarbeziehung, sondern als sogenannte Singles oder nicht heterosexuell leben. Dies deutet darauf hin, dass auch normative Erwartungen und soziale Erwünschtheit mit Blick auf die Ausgestaltung von Paarbeziehungen eine Rolle bei der Interviewbereitschaft spielen.

Wiederum ohne essentialistisch zu argumentieren, schienen Frauen* in allen unseren Studien eher zu einem Interview bereit als (heterosexuelle) Männer* (ähnlich mündlich Sarah Speck, ebenso Bjørnholt/Farstad 2012: 12, früh Pahl 1989: 60 und Seymour et al. 1995: 13; nicht bestätigen kann dies wiederum Almut

---

in den Paaren. Allerdings sollten die Informationen an die Befragten vor dem Interview wesentliche Themen des Interviews ansprechen und sie inhaltlich vorbereiten, aber für viele der Befragten unverständliche soziologische Fachvokabeln tunlichst vermeiden sowie nicht negative, schamauslösende oder anderweitig verletzende oder abschreckende Themen aufrufen.

Peukert, die aber höher qualifizierte Väter in Elternzeit befragt hat). Es kann sein, dass dies an der Spezifität unserer Fragen liegt, nämlich Fragen der Alltagsgestaltung und Vereinbarkeit von Arbeit und Leben bei Doppelkarriere-Paaren, bei Zweiverdiener-Paaren und bei prekär beschäftigten Paaren. Denkbar wäre als sehr tentative Erklärung ein tendenziell ausgeprägteres Sprechbedürfnis bei Frauen*, was wiederum in eventuellen geschlechtsgebundenen Ungleichheiten in den Paaren begründet liegen kann.[32]

Zwei Gruppen von Männern* sind nach unseren Erfahrungen – aus je verschiedenen Gründen – tendenziell seltener zu einem Paarinterview bereit: sehr an Karriere orientierte und sich damit bezüglich Ungleichheiten im Paar oft in günstigeren Positionen befindliche sowie Männer*, deren berufliche und finanzielle Lage eher prekär ist (ähnlich auch Przyborski/Wohlrab-Sahr 2014: 112f.). So wurde etwa die von einer gesprächsbereiten, prekär beschäftigten Partnerin angefragte Interviewteilnahme ihres Partners von ihm mit dem Verweis, die Frage nach der Lebenssituation prekär Beschäftigter sei „doch hanebüchen", abgelehnt. Deutlich wird hier nicht zuletzt, dass auch die Frage nach einer Interviewteilnahme im Paar auszuhandeln ist und eventuell Machtfragen berührt. Debbie E. Braybrook et al. (2017: 586f.) weisen diesbezüglich auf ethische Fragen hin, die sich ergeben können, wenn ein*e Partner*in den*die andere*n zu einer Teilnahme drängt (ähnlich Taylor/de Vocht 2011).

Auf der anderen Seite lassen sich offenbar Paare oder Partner*innen, die sich bezüglich bestimmter Sachverhalte mitteilen möchten – etwa eine besondere Paar- oder Lebenskonstellation, die das Paar oder eine*r der Partner*innen aus eigener Perspektive gelungen bewerkstelligen kann (etwa Doppelkarriere-Pendel-Paare mit Kindern, beruflichem Erfolg und einer ‚glücklichen' Paarbeziehung) – leichter gemeinsam befragen. Manche Paare erklären sich allerdings auch dann zu einem

---

32 Sehr deutlich in diese Richtung könnte man die Ergebnisse von Pamela Fishman (1978, 1984) lesen. Fishman konstatiert aufgrund ihrer Konversationsanalysen von Paargesprächen – allerdings vor fast 30 Jahren und in den USA – eine geschlechterdifferente Arbeitsteilung in Paargesprächen: Frauen würden den größten Teil der sogenannten „conversational work required by men and necessary for interactions" erbringen, die Konversation aufrecht erhalten und die „routine maintenance work" leisten. Die Frauen seien die „‚shitworkers' of routine interaction" (Fishman 1978: 405), während Männer die Interaktion kontrollieren würden: „they continually establish and enforce (,) their rights to define what the interaction, and reality, will be about" (ebd.). Auch Seale, Charteris-Black, Dumelow, Locock und Ziebland (2008: 115) kamen in einer Sekundäranalyse verschiedener Studien zu Gesundheitsthemen, an denen Frauen mehr interessiert sein könnten, zu dem Ergebnis, dass Frauen in gemeinsamen Interviews mehr und häufiger sprechen als Männer, während Hilary Arksey (1996) auf die Dominanz von Männern im gemeinsamen Interview hinweist – was sich nicht widerspricht.

4.2 Art des Interviews, Ablauf und Gesprächsorganisation

Interview bereit, wenn eine derartige Bewältigung der Paar- oder Lebenssituation nicht so gut gelingt. Letztgenanntes jedoch eher dann, wenn dies externe Ursachen hat und (wissenschaftliches) Gehör finden soll, etwa die strukturelle Unvereinbarkeit von Beruf und Familie, Ungerechtigkeitserfahrungen in der Erwerbssphäre oder mit Blick auf politische und rechtliche Rahmenbedingungen. Auch der Wunsch einer*s oder beider Partner*innen, im Paar über das Paar zu sprechen oder Alter bestimmte Sachverhalte unter Gehör Dritter mitzuteilen (siehe oben), kann die Bereitschaft zum Interview erhöhen.

Die Interviewbereitschaft kann auch durch eine Aufwandsentschädigung gesteigert werden etwa bei Paaren, die über wenig finanzielle Mittel verfügen. Jedoch kann auch dies unter Umständen selektiv wirken, etwa wenn das Interview nur als schnelle und günstige Einkunftsquelle ohne inhaltliche Aufgeschlossenheit betrachtet wird.

Systematische Forschungen zu all diesen möglichen (Selbst-)Ausschlüssen stehen noch aus.

4.1.2 Zeitliche und organisatorische Aspekte

Zu beachten sind bei Paarbefragungen auch Zeit- und Koordinationsaspekte, und dies deutlich ausgeprägter als bei Einzelinterviews. Seien es Doppelkarriere-Paare, Paare mit (kleinen) Kindern oder Paare in prekären Beschäftigungssituationen mit unregelmäßigen Arbeitszeiten, nicht in einem Haushalt lebende Paare oder Paare, die pendeln: oft ist generell die Zeit für ein mehrstündiges Interview knapp. Und auch wenn beide Partner*innen sich Zeit nehmen möchten, ist es oft nicht einfach, einen Termin für ein gemeinsames Interview zu finden angesichts des Koordinierungsbedarfs zwischen den Partner*innen und eventuell zusätzlich erforderlicher Kinderbetreuung. Interviews können mehrfach verschoben werden oder auch gar nicht stattfinden.

4.2 Art des Interviews, Ablauf und Gesprächsorganisation

In Kapitel 4.2 stehen die Art des Interviews, dessen Ablauf und kurz auch seine Vorbereitung im Zentrum. Wiederum möchten wir nicht Überlegungen anstellen, die für mündliche Befragungen generell zutreffen, sondern weitgehend nur solche Aspekte benennen, die besonders Paarinterviews betreffen. Grundsätzlich gilt: Es gibt nicht eine allgemeingültige Vorgabe, da weder ‚das' Paarinterview noch ein spezifisches Ablaufmuster existieren. Für bestimmte Arten und Organisationsweisen von Paarinterviews können dennoch Dinge benannt werden, deren Beachtung uns sinnvoll erscheint.

4.2.1 Art des Interviews

So wie es unterschiedliche Arten von Interviews gibt, lassen sich auch Paarinterviews prinzipiell in einer großen Formenvielfalt führen. Diese reicht vom stark strukturierten Leitfadeninterview über das problemzentrierte Interview (Witzel 1982, 2000) bis zum narrativen (Schütze 1983, 1987) (paar-)biographischen Interview, auch kann das Paarinterview maximal offen durchgeführt werden. Das Spektrum zwischen Geschlossenheit und Offenheit und der konkreten Form ist also sehr weit – theoretisch ebenso weit wie generell bei mündlichen Interviews. Einige dieser möglichen Interviewarten können aber den spezifischen Stärken des Paarinterviews nicht gerecht werden: a) der (partiellen) Erfassung der *Darstellung* des *doing couple* sowie die Rekonstruktionsmöglichkeit b) des *doing couple*, c) der gemeinsamen oder nicht gemeinsamen Wirklichkeitskonstruktion und d) der Aushandlungen im Interview. Hierzu sind offene, narrative (ebd.), (teil-)biographische und teilleitfadengestützte Interviews am angemessensten, zielen sie doch auf gemeinsame oder nicht gemeinsame Erzählungen und Aushandlungen der Interviewten über die Inhalte des Dargestellten und über die Form der Darstellung.

4.2.2 Ablauf und Gesprächsorganisation des teilbiographisch-narrativen Paarinterviews

Um solche gemeinsamen Erzählungen und Aushandlungen zu generieren, sind von den Befragenden Situationen herzustellen, in welchen Paare „relativ selbstläufig miteinander kommunizieren". Besondere Aufmerksamkeit ist darauf zu richten, „wo Differenzen aufkommen und wie sie verhandelt werden" (Przyborski/Wohlrab-Sahr 2014: 110). Mittels (teil-)leitfadengestützter Fragen sollten die Interviewenden die Befragten anregen, Narrationen und Aushandlungen zu erzeugen. Hierzu sehr gut geeignet ist eine erzählgenerierende Eingangsfrage, welche unterschiedliche Aushandlungen erlaubt. Wir selbst (etwa Wimbauer 2003, 2012, ähnlich auch z. B. Peukert 2015) bitten beispielsweise eingangs darum, zu erzählen: „Wie sind Sie zu einem Paar geworden?". Mit dieser Frage – und mit allen erzählgenerierenden Paar-Fragen – adressieren wir verbal und nonverbal immer *beide* Partner*innen

4.2 Art des Interviews, Ablauf und Gesprächsorganisation

gemeinsam, da ja wesentlich Aushandlungen erzeugt werden sollen. Daher folgen auf die Einzelnen zielende Fragen sinnvollerweise erst im Nachfrageteil oder in gesondert durchzuführenden Einzelinterviews.[33]

4.2.2.1 Aushandlungen und Gesprächsorganisation in der Eingangssequenz

Die das Interview eröffnende Frage nach der Paarwerdung schließt zunächst einen Aushandlungsraum darüber auf, *wer beginnt*, die Geschichte zu erzählen: Fängt eine*r der beiden umgehend oder nach einer Pause an, weist eine*r dem anderen freundlich oder bestimmt zu, mit der Geschichte anzufangen (etwa weil Alter dies besser kann oder weil Alter zuerst seine*ihre Version erzählen soll), nimmt Alter die Bitte oder Zuweisung an, beginnen beide gleichzeitig und wer kann oder darf dann weiter erzählen?[34] Dies kann über konsensuelle oder dissente *Zuständigkeiten* im Paar Aufschluss geben (vgl. auch Behnke/Meuser 2013: 80f.).

Nachfolgend ein Beispiel, in dem Katja Kern von Klaus Kern auf den ersten Blick konsensuell zugewiesen wird, die Geschichte zu erzählen, da es dann lustiger werde. Frau Kern widerspricht mit der Begründung, nicht immer die Geschichte erzählen zu wollen – es scheint also bisher ihre Aufgabe ihm Paar, die Paarwerdungsgeschichte zu erzählen – und kommt dann nach einer kurzen Pause der Erzählaufforderung durch Herrn Kern nach:

```
8    I:       (…) vielleicht könnten Sie uns einfach mal erzählen: Wie sind Sie
9             denn eigentlich zu nem Paar geworden? +++
10
11   Katja:   (lacht)
12
13   Katja:   [(lacht)
14   Klaus:   [Das wird lustiger
15            wenn du das erzählst.
```

---

33 Man kann aber auch beiden eine Frage stellen, die auf die Einzelnen zielt. So forderte Gather (1996: 87f.) beide Partner*innen auf, erst individuell über sich und die Lebensgeschichte zu erzählen und dann die gemeinsame Geschichte der Partnerschaft. Auch bei den beiden individuellen Lebensgeschichten ist auszuhandeln, wer anfängt, und es muss an irgendeiner Stelle ein gemeinsamer Übergang zur Paargeschichte gefunden werden.

34 Die Aushandlungen können verbaler oder nonverbaler Natur sein. Nonverbale Aushandlungen – etwa mittels Blicken – erscheinen nicht im Transkript bzw. nur, wenn die Befragenden sie bemerkt und festgehalten haben. Zusätzliche Videoanalysen würden diese Lücke füllen, sie stellen aber eine weitere Intervention dar und sind in der Durchführung und Auswertung aufwendig.

16		
17	Katja:	Nee::: + ich WILL das nich immer erzählen. ++ Ähm + also es ist so – dass wir ja ja
18		aufgrund unserer Arbeit die wir gemeinsam machen äh – zusammengekommen
19		sind – und zwar war es so (...)

In dem folgenden Beispiel, Paar Pfaff, findet eine ausführlichere Aushandlung über die Zuständigkeit statt; ein Muster, das sich im gesamten Interview wiederholt. Im Gesamtmaterial lässt sich dieses Paar durchaus als kompetitives Paar rekonstruieren, wobei aber beide ein geteiltes Beziehungskonzept aufweisen, sie also als konsensuell kompetitives Paar gedeutet werden können:

8	I:	Und weil SIE eben als Paar im Mittelpunkt stehen – erzählen Sie uns doch –
9		vielleicht einfach mal wie sind Sie denn eigentlich zu nem Paar geworden?
10		
11	Peter:	Nun ja.=
12		
12	Paula:	=(lacht kurz) Du?=
14		
15	Peter:	=Hm ++
16		
17	Paula:	Wer will zuerst essen?=
18		
19	Peter:	=Jo.
20		
21	Paula:	Also das ist ziemlich easy. Mein Mann und ich kennen uns seit 25 Jahren (...)

Neben reinen Zuständigkeiten können die stattfindenden Aushandlungen auch über *Macht- und Ungleichheitsverhältnisse* Aufschluss geben. Allerdings kann die an den*die Partner*in gerichtete Zuweisung oder Bitte, zu erzählen, sowohl auf größere als auch auf geringere Macht im Paar hindeuten. Dies erhellt sich im weiteren Interaktionsverlauf und mit Blick auf den Inhalt der Interaktion, weshalb beides zu interpretieren ist. Wenn etwa Partner*in 1 (P1) fragt: „Willst Du anfangen oder soll ich zuerst?", so kann dies auf übliche Aushandlungen im Paar bezüglich ausgewogener Redeanteile verweisen und damit auf ein egalitäres Paarkonzept. Es kann aber auch auf eine mächtigere Position von P2 hindeuten, der*die die Entscheidung darüber trifft, wer wann was erzählen darf. Weiter deutet die Aufforderung von P1: „Fang Du an" möglicherweise auf die eigene Zurückhaltung oder Unsicherheit oder aber darauf, dass die Rederechte im Paar von P1 zugeteilt werden. Dies muss insofern jeweils im Verlauf des Interviews erhellt werden.

4.2 Art des Interviews, Ablauf und Gesprächsorganisation

Das nachfolgende Beispiel Berger enthält eine solche Zuweisung durch Bodo, die von Britt angenommen wird. Im weiteren Interview – was hier aus Platzgründen nicht am Interviewausschnitt wiedergegeben wird – zeigt sich, dass er derjenige ist, der die Aussagen seiner Partnerin kontrolliert, ratifiziert und korrigiert, etwa indem er im Anschluss an ihre Ausführungen seine Version der Paarwerdungsgeschichte erzählt. Von Britt wird dies manifest konsensuell prozessiert.

```
18    I:      Und – hm – zum Einstieg – wäre es halt für uns ganz spannend – zu erfahren – wie
19            Sie:: überhaupt zu nem Paar geworden sind. /Bodo: (lacht) / (lacht) und – deswegen
20            möchten wir Sie bitten damit mal /Britt: (lacht) / anzufangen – das zu erzählen –
21            wie es dazu überhaupt gekommen ist (lacht).
22
23    Bodo:   Fang mal an
24
25    Britt:  Oh::: Das ist ja jetzt wie bei wie heißt der Film?
26
27    I2:     [(lacht)
28    Britt:  [(lacht)
29
30    Britt:  Angelina
31            [Jolie
32    Bodo:   [(lacht)
33
34    Britt:  mal sehn? ++ Ähm – Also nach meiner Erinnerung hab ICH meinen Mann
35            kennen gelernt hab in X-Stadt studiert (...)
```

Wie eben schon angedeutet, zeigt sich hierbei üblicherweise auch, ob es eine *gemeinsame* Geschichte ist, die erzählt wird, oder ob es sich um *unterschiedliche* Geschichten handelt, und ob die Erzählung *konsensuell* oder *dissent* ist. Dies wird beispielsweise daran deutlich, dass eine monologische Koproduktion (eine*r spricht für beide) oder eine dialogische Koproduktion (beide erzählen abwechselnd eine Geschichte) stattfindet, oder dass beide unterschiedliche Geschichten erzählen.

Auch hierzu ein Beispiel einer dialogischen Koproduktion des Paares Reiter, das sich im gesamten Interview als ein ‚symbiotisches' Paar rekonstruieren lässt und an sehr vielen Stellen abwechselnd *eine* und eine *gemeinsame* Geschichte erzählt (siehe Wimbauer 2012: 259ff.):

```
7     I:      Und weil Sie jetzt eben als Paar im Mittelpunkt stehen wär die erste Frage ob Sie
8             uns vielleicht mal erzählen könnten wie Sie denn eigentlich überhaupt
9             zu nem PAAR geworden sind? –
10
```

11	Rita:	Oh (lachend) das war schon relativ früh in unserem Leben. – Wir haben uns
12		im Jugendchor kennen gelernt=
13		
14	Ralf:	=hm=
15		
16	Rita:	=als Jugendliche ne? =
17		
18	Ralf:	=genau=
19		
20	Rita	=und seitdem sind wir eigentlich=
21		
22	Ralf:	=ja wir haben halt ja=
23		
24	Rita:	=ja=
25		
26	Ralf:	=zusammen gesungen – seitdem sind wir auch zusammen (...)

Ein vorerst letztes Beispiel deutet hingegen einen offenen Dissens darüber an, ob es eine oder zwei Paargeschichten gibt:

9	I:	Und weil SIE nun als als PAAR im Mittelpunkt stehen – wär die
10		erste Frage ob Sie uns mal erzählen könnten wie Sie denn eigentlich
11		zu dem Paar geWORDEN sind. ++++
12		
13	Jana:	Wer solls denn erzählen? (lacht 4 Sek)
14		
15	Jörg:	[(unverständlich, sehr kurz)
16	Jana:	[ich
17		start mal los und Du sagst einfach dazu was passt oder?=
18		
19	Jörg:	=s gibt immer ZWEI Gesichtspunkte=
20		
21	Jana:	=wir können ja beide Seiten was erzählen (...)

Frau Jann geht hier zunächst davon aus, dass sie *eine* Geschichte erzählt ('wer soll ES denn erzählen') und Herr Jann diese an passenden Stellen ergänzen würde, während Herr Jann klar darlegt, dass es immer zwei „Gesichtspunkte" (Geschichten oder Sichtweisen) gäbe. Im Weiteren hält aber Frau Jann an der Vorstellung einer gemeinsamen Geschichte fest, zu der „beide Seiten" etwas erzählen könnten. Zumindest Herr Jann scheint jedoch von der Existenz zweier (potentiell) unterschiedlicher Geschichten auszugehen.

4.2 Art des Interviews, Ablauf und Gesprächsorganisation

Ob es sich um eine oder um zwei und um konsensuelle oder dissente Geschichten handelt, ist nicht nur an dem ersichtlich, *was* erzählt wird, sondern auch daran, *wie* erzählt wird, etwa ob P2 sich bestätigend zu P1 äußert (durch Zustimmung oder Ratifizierung), eine Ergänzung während oder nach Abschluss der Rede von P2 einbringt oder beide sich ergänzen, oder ob P2 eine Berichtigung, Korrektur oder einen Widerspruch vornimmt, etwa unterbrechend oder am Ende der Ausführungen von P1. Wenn zwei *verschiedene* Geschichten existieren, kann die Erzählung konsensuell sein, zum Beispiel wenn aus Perspektive beider sich die Paarwerdung unterscheidet oder zu verschiedenen Zeitpunkten begonnen hat und beide dennoch ohne Konflikte oder gar in Form einer Konsensfiktion erzählen (etwa Paar Berger). Sie kann aber auch dissent sein und sich durch Meinungsverschiedenheiten oder Kontrareden kennzeichnen.

Nachfolgend noch ein Ausschnitt eines anschaulichen Beispiels, in dem eine konsensuelle Geschichte zu präsentieren versucht wird, dies auf Dissens stößt und dann wieder in eine auf der Oberfläche konsensuelle Darstellung gebracht wird: Frau Nitsch berichtet von der Zeit zwischen erstem Kennenlernen und der Paarwerdung und stellt dies so dar, als habe Herr Nitsch sich um sie bemüht, während sie – wie sie in der gesamten Geschichte präsentieren möchte – weniger interessiert gewesen sei. Dem widerspricht jedoch hier Herr Nitsch, der, wie aus dem gesamten Interview als latente Fallstruktur rekonstruierbar ist, anfangs Frau Nitsch nicht als potentielle Partnerin in Betracht zog. Dies wird von Frau Nitsch im Interview anders darzustellen versucht.

87	Nadja:	Genau und dann – hast du JA GENAU dann hast du mich gefragt
88		ähm + ob DU MIR deine Telefonnummer geben kannst weil dann
89		können wir uns ja mal so treffen.=
90		
91	Norbert:	=Nein so war das nicht.
92		
93	Nadja:	DOCH du hast mir
94		[deine
95	Norbert:	[Nein=
96		
97	Nadja:	=Telefonnummer dann gegeben und
98		[dann hab ich dir irgendwann geschrieben
99	Norbert:	[NEIN NEIN NEIN NEIN NEIN du hast mir wir ham
100		
101	Norbert:	wir ham dann die ganze Zeit immer hin und her geschrieben also +
103		aufm Dienstweg
104		

105	Nadja:	[Stimmt Emails hab genau Emails haben wir dann noch geschrieben
106	Norbert:	[Und des hat sich aber des des des hat sich des hat sich dann äh
107		
108	Norbert:	des hat sich dann irgendwann ergeben (…)

Damit erscheint es als fundamental, sowohl der *interaktiven* als auch der *inhaltlichen* Art und Weise des *turn-taking* zwischen den Partner*innen Aufmerksamkeit zu schenken. Hierbei können, wie bereits erwähnt, neben Zuständigkeiten wesentlich Machtunterschiede und Ungleichheiten im Paar ersichtlich werden. Behnke und Meuser (2013: 77f.) betonen ebenfalls, nicht nur die *Inhalte* des Erzählten, sondern ebenso die *Diskursorganisation*[35] („*wie* die Partner *in situ* arbeitsteilig ihre gemeinsame Geschichte entwickeln", Hervorh. im Orig.) sowie den *Erzählstil* (lustig, sachlich, ausschweifend etc.) zu analysieren. Dies ist deshalb bedeutsam, weil in Paarinterviews von „Homologien (…) zwischen dem beschriebenen und dem in situ hergestellten Paararrangement" (ebd.: 77, siehe Kapitel 2.2.2.3) auszugehen sei.

Zudem beziehen sich Behnke und Meuser auf das Konzept der „'Enaktierungspotentiale'" nach Ralf Bohnsack (2014: 138), das in „der Reaktion des einen Partners auf vom anderen im Interview artikulierte Orientierungen" (Behnke/Meuser 2013: 79) zum Ausdruck komme: „Das Enaktierungspotential individueller Orientierungen wird zum einen anhand unmittelbarer, expliziter (zustimmender wie ablehnender) Reaktionen deutlich, zum anderen daran, ob und in welchem Maße von einem Interviewpartner kenntlich gemachte Orientierungen Gegenstand der gemeinsamen Kommunikation im Interview werden" (ebd.).

4.2.2.2 Aushandlungen, Gesprächsorganisation und (Selbst-) Darstellungen im gesamten Interview

Die bisherigen Ausführungen beziehen sich aber nicht nur auf die Eingangssequenz, sondern auf das komplette Interview. Im gesamten Interview ist neben dem *turn-taking* und der „Analyse der *Diskursorganisation* in Bezug auf kooperatives

---

35 Przyborski (2004: 61–94) beschreibt und systematisiert das Begriffsinventar zur Diskursorganisation, vor allem mit Blick auf die Diskursorganisation in Gruppendiskussionen und deren Analyse mittels der Dokumentarischen Methode nach Bohnsack und anderen. Sie unterscheidet neben der *Proposition* die *Elaboration, Differenzierung, Validierung, Ratifizierung, Antithese/Synthese, Opposition, Divergenz*, den *antithetischen/oppositionellen/divergenten Diskurs*, die *Konklusion, Transposition* und *Zwischenkonklusionen/Anschlussproposition*. Diese Begrifflichkeit und die herausgearbeiteten fünf Muster der Diskursorganisation (ebd.: 95ff.; siehe auch Kapitel 4.5.1) werden von Przyborski anhand umfangreichen empirischen Materials veranschaulicht und sind auch bei der Analyse der Diskursorganisation im Paar(interview) analytisch sehr hilfreich.

4.2 Art des Interviews, Ablauf und Gesprächsorganisation

und antagonistisches Erzählen (vgl. Quasthoff 1980)" (Kruse 2015: 163, Hervorh. im Orig.) zu analysieren, wer worüber spricht und worüber nicht, denn dies liefert oft Hinweise auf spezifische Zuständigkeiten und die subjektiven Bedeutungen des jeweiligen Themas. Beispielsweise ergreift Frau Cramer – eine der von uns befragten Familienernährerinnen – durchwegs beim Thema Erwerbsarbeit und Geld das Wort, und sie ist es auch, die nahezu das gesamte Einkommen verdient und den gesamten Unterhalt der Familie sichert, während ihr Partner Geld und die Erwerbstätigkeit von Frau Cramer (wie Erwerbstätigkeit generell) gering schätzt und wenig bis nichts verdient, aber von dem von ihr erwirtschafteten Einkommen lebt. Er spricht kaum über Geld und wenn, dann kurz und abwertend; gleiches gilt für das Reden über seine Partnerin und die Paarbeziehung.

Auch ist das Interviewmaterial daraufhin zu untersuchen, ob eine*r der Partner*innen oder beide bestimmte Themen aussparen oder rasch das Thema wechseln, etwa wenn der prekär beschäftigte Mann* im genannten Familienernährerinnen-Paar auf das Thema Geld und Erwerbsarbeit nicht reagiert oder es sehr schnell abwendet oder wenn die von einer Person mehrfach benannte Überlastung und Unvereinbarkeit vom anderen nie aufgegriffen wird.

Auch hierzu ein exemplarisches Beispiel unter vielen, wie der durchgängige Appell von Frau Cramer an ihren Partner, dass sie die Erwerbstätigkeit und die Verantwortung für die Kinder „sehr stressig" und „extrem belastend" findet und ihre hohen Belastungen durch mehr Engagement seinerseits verringern möchte, auf vollendetes Nichtgehör stößt. Mehr noch: Herr Corb naturalisiert die Fürsorge- und Existenzsicherungsarbeit von Frau Cramer in einer äußerst diffizilen Argumentation als ihre unveränderliche Charaktereigenschaft, wodurch er jeglicher Kritik den Impetus entzieht. Hierbei versucht er zudem, die Interviewerinnen sozusagen als Zeuginnen ins Boot zu holen, die wiederum ihre persönliche Ansicht zurückzuhalten haben:

```
2131   Carl:    du brauchst ja ne Ar also bei ihr ist wirklich sie braucht einfach ne
2132            Arbeit. Also ich denke sie definiert sich mehr über Arbeit als ick /I2: mhm/
2133            dat mache. + Dat habt ihr wahrscheinlich ja auch im Gespräch gemerkt
2134            irgendwie. ++ Und ja ohne würde sie kaputt gehen und sie ist natürlich
2135            schon auch letztendlich im Moment äh::: fühlt sie sich in der Pflicht auch
2136            wirtschaftlich hier einfach äh::: dat so weit am Laufen zu halten und geht
2137            deswegen auch arbeiten. Also dass du sagst du würdest wenns dir
2138            aussuchen könntest wat anderes machen oder dat nicht mehr
2139            machen – dat ist ja nicht so.
2140
2141   Carl:    [Du brauchst dat ja wirklich.
2142   Clara:   [Ich würde weniger machen
2143   Clara:   dafür was anderes.
```

Differierende Erzählperspektiven in der Eingangserzählung und im gesamten Interview können auch auf gemeinsam geteilte oder sich unterscheidende *Perspektiven* auf das Paar und *Paarkonzepte* verweisen. Dies zeigt sich zum Beispiel daran, ob Pronomen wie ‚ich' vs. ‚wir' oder ‚uns' verwendet werden oder ob der*die andere als ‚mein Mann/meine Frau', ‚Carl/Clara ' oder ‚er/sie' benannt wird. Fragen an das Material sind hier, wer sich wie auf das Paar bezieht oder nicht, wer eine individuelle, eine kollektive oder eine unpersönlich-institutionelle (etwa: ‚unser Sohn', ‚meine Ehefrau') Perspektive hat und ob sich dieses Muster im gesamten Interview oder nur bei bestimmten Themen zeigt.

Hierbei lässt sich analysieren, ob die Partner*innen sich mit Blick auf das Paar durch ein Konzept der gemeinsamen Paar-Vergemeinschaftung zu einem kollektiven ‚Wir' (wenn beispielsweise beide häufig in der Wir-Perspektive sprechen) oder der Vergemeinschaftung zweier auf Autonomie bedachter Einzelner oder der Individuierung einer*s oder beider im Paar oder jenseits des Paares (etwa: Betonung der Ich-Perspektive) auszeichnen sowie ob diese Perspektive/n geteilt oder unterschiedlich sind – und inwiefern hier Ungleichheiten auftreten. So spricht etwa Carl Corb in der Regel von „unser Geld", wenngleich es Clara Cramer ist, die den größten Teil des Haushaltseinkommens verdient. Zwei weitere empirische Beispiele beziehen sich auf die Vergemeinschaftung des Kindes: Hier spricht Ego (in einem Fall die Frau*, in einem der Mann*) in der Regel in einer Wir-Perspektive, Alter fast durchwegs in einer Ich-Perspektive. Alter vergemeinschaftet fast ausschließlich das Kind als „unser" Kind, andere weitere Aspekte bleiben in einer Ich-Perspektive. Dies kann – insbesondere, wenn weitere Interviewstellen hierfür sprechen – dahingehend gedeutet werden, dass es nur mehr das gemeinsame Kind ist, was das Paar noch auf Dauer stellt.

Zentral sind schließlich die im gesamten Interview von den Befragten vorgenommenen *Selbst- und Fremddarstellungen* und *Selbst- und Fremdpositionierungen* (siehe auch Kapitel 2.2.4): Im Paarinterview sprechen die Partner*innen miteinander, sie sprechen füreinander und auch übereinander, und dies zudem in Anwesenheit Dritter. Nach Deppermann und seinen Ausführungen zu narrativen Einzelinterviews werden mittels der

> „Art und Weise der Darstellung und der Dialoggestaltung (...) Ansprüche erhoben, es wird Stellung genommen und es werden subjektive Deutungen vermittelt. Zum anderen wird mit diesen Handlungen performativ das Interview als soziale Situation mit einer eigenen Wirklichkeit hergestellt" (Deppermann 2013: 46).

Im Paarinterview sind diese Selbst- und Fremdpositionierungen und -darstellungen insbesondere mit Blick auf das Paar, die Positionierung der Partner*innen im und zum Paar, die Darstellungen und Positionierungen des Paares in Relation zu den einzelnen Partner*innen und aller drei zu signifikanten und generalisierten paarexternen Anderen höchst aufschlussreich. Hierbei sind mindestens fünf Ebenen zu unterscheiden: Erstens *individuelle Selbstdarstellungen* aus der egozentrierten Perspektive der Partner*innen, die sich selbst gegenüber dem je anderen darstellen sowie gegenüber den Interviewenden. Zweitens *individuelle Fremddarstellungen* des Partners oder der Partnerin gegenüber dem je anderen und gegenüber den Interviewenden (Ego spricht über Alter und beschreibt Alter aus der Sprecher*innensicht) und drittens *Paardarstellungen* von einem oder beiden der Partner*innen gegenüber dem oder der anderen und den Interviewenden. Weiter wären zu nennen viertens die *individuelle* Positionierung der Partner*innen gegenüber der weiteren, paarexternen *Umwelt* und fünftens die Positionierung des *Paares* gegenüber diesen paarexternen sozialen und anderen Bezügen.

Deppermanns Fazit lässt sich wiederum direkt auch auf Paarinterviews übertragen. Hiernach sind „Selbst- und Fremdpositionierungen (…) der Schlüssel zu den Beziehungsstrukturen und Identitätsaspekten, die lokal im Interview hergestellt und relevant gemacht werden" (ebd.: 21). Insofern kommt der Analyse der Selbst- und Fremddarstellungen im Paarinterview eine zentrale Bedeutung zu. Hierbei ist eine komplexe Differenzierung der genannten analytischen Ebenen vorzunehmen.

4.2.2.3 Die Eingangsfrage, weitere erzählgenerierende Fragen und Nachfrageteil

Wie bereits erwähnt, ist die Verwendung aushandlungsgenerierender Eingangsfragen sehr sinnvoll und es gibt eine Vielzahl von Möglichkeiten. In jedem Falle sollten diese sehr gut überlegt und formuliert sowie dem jeweiligen Forschungsinteresse angemessen sein. Dies ist auch deshalb zentral, weil in der Regel bereits anhand der ersten Äußerungen zentrale Aspekte der jeweiligen Fallstruktur rekonstruierbar sind. Hierzu möchten wir ein letztes Beispiel vorstellen, das Doppelkarriere-Paar Saar. Der Beginn der Eingangssequenz ist wie folgt:

```
23   I1:      Und weil Sie vor allem als Paar im Mittelpunkt stehen äh wär wär
24            unsere erste Bitte + dass Sie uns mal erzählen /F: (lacht)/ wie Sie denn eigentlich
25            zu einem Paar GEWORDEN sind=
26
27   Sara:    [=(lacht)
28   Simon:   [=(lacht) +
29
30   Simon    Ähm +
31
32   I1:      (lacht)
33
```

34	Simon	wir kennen uns aus der Ausbildung – seit der Ausbildung im Grunde das ist
35		jetzt dreizehn Jahre ungefähr her. Wir sind seit zwölf Jahren zusammen +++
36		und seit fast drei + Jahren verheiratet.
37		
38	Sara:	(lacht) Ja +
39		
40	Simon:	Ja. + Also im Grunde kam wirklich nach der Ausbildung ähm wir haben in
41		zwei unterschiedlichen Versicherungen eigentlich angefangen hatten
42		Uni zusammen und sind mittlerweile zusammenfusioniert. (…)

Deutlich wird hier zunächst die hohe Bedeutung von Berufstätigkeit für die Paarwerdung und das Paar. Einige Falldeutungen, die sich zu Fallstrukturhypothesen verdichten lassen, lauten stark zusammengefasst (vgl. Wimbauer 2012: 280ff.): Simon und Sara sind ‚aus' der Ausbildung heraus ein Paar geworden und haben sich dort ‚im Grunde' ihres oder seines Wesens kennengelernt. Simon bringt dann kondensiert das institutionelle Ablaufmuster Ausbildung/Beruf – Kennenlernen – Paarwerdung – Heirat zum Ausdruck, kehrt zur Ausbildung zurück, die beide in unterschiedlichen Versicherungen begonnen hatten und schließt mit „und sind mittlerweile zusammenfusioniert". Der Begriff Fusion stammt aus der Wirtschaft und bezeichnet den Zusammenschluss oder die Verschmelzung ökonomischer Organisationen mit dem Ziel einer Konzentration des Kapitals. Doch wer fusionierte, also wer ist das ‚wir'? Nach einer Lesart ist es die Fusion zweier Individuen zu einem Paar, nach einer zweiten Lesart ist das ‚wir' das Unternehmen, das aus zwei Unternehmen zusammenfusioniert ist. Dies verweist auf eine doppelte ‚Verschmelzung' von Simon: Er verschmilzt sowohl mit dem Unternehmen als auch auf dieser Grundlage mit Sara im Paar (im Unternehmen). Als Deutungshypothesen ließen sich also formulieren: Simon wird erst durch die Ausbildung zu sich selbst und auf dieser Grundlage wird das Paar zum Paar. Die Fusionsmetapher verweist zudem auf eine Verschmelzung Simons mit dem Unternehmen sowie auf eine Verschmelzung des Ichs im Paar-Wir. Beruf käme demnach eine selbstkonstitutive Bedeutung zu und die Firmenfusion ist für Simon Grundlage der ‚Paarfusion', womit wiederum die Beruflichkeit die Voraussetzung für die Paarbeziehung wäre.

Doch kommen wir nach diesem letzten Beispiel wieder zurück zu den Fragen im Interview. Wird ein (teil-)leitfadengestütztes Interview mit verschiedenen Themenblöcken durchgeführt, so ist es sinnvoll, die einzelnen Themenblöcke jeweils mit erzähl- und aushandlungsgenerierenden Eingangsfragen zu eröffnen, etwa: Wie sind Sie beruflich dahin gekommen, wo Sie heute sind? Wie ist es zu der Elternzeitaufteilung, der Hausarbeitsteilung etc., die Sie heute haben, gekommen?[36] Ähnlich wie im narrativen Interview nach Schütze (1983, 1987) folgen nach dem Abschluss der Narration zuerst immanente, erneut erzählgenerierende Nachfragen hierzu. Anders als im narrativen Interview werden aber im dritten Teil (des jeweiligen Blockes) weitere, detailliertere exmanente und nicht zwingend erzählgenerierende, sondern auch auf Begründungen und Erklärungen zielende (Nach-)Fragen zu noch nicht thematisierten, aber relevanten Themen gestellt. Am Ende des Interviews stehen bilanzierende Fragen, die sich auf die Gegenwart oder Zukunft beziehen können, etwa: „Alles in allem gesehen, wie zufrieden sind Sie [an beide adressiert] mit Ihrer derzeitigen Situation?", „...Ihrem Leben?" oder ähnlichem, „Was glauben Sie, ist bis 2040 passiert?" oder „Was wünschen Sie sich für Ihre Zukunft?".

4.2.3 Leitfaden

Es bietet sich an, das Interview leitfadengestützt oder teilleitfadengestützt zu führen. Dabei sollten die eben erwähnten zentralen narrativen Eingangsfragen des Interviews und der einzelnen Blöcke mit Bedacht gewählt werden. Der Leitfaden sollte weitere relevante Fragen und Nachfragen und alle Themenblöcke enthalten. Die meisten Regeln, die für die Leitfadenkonstruktion allgemein gelten, gelten auch für Paarinterviews. Zu solchen allgemeinen Regeln der Leitfadenkonstruktion siehe etwa anschaulich Cornelia Helfferich (2009).

Der Umfang des Leitfadens ist umstritten. So plädieren einige Paarforscher*innen dafür, den Befragten nur sehr wenige, explizit aushandlungsfokussierte Fragen zu stellen, entsprechend knapp ist der Leitfaden. Andere, so etwa wir, verwenden in Anbetracht unserer Fragestellungen, die in der Regel auf den gesamten Lebenszusammenhang zielen, einen relativ umfassenden Leitfaden, der alle als relevant erachteten Lebensbereiche enthält.

Zur Abfolge von erzählgenerierenden Fragen, immanenten und exmanenten Nachfragen sowie bilanzierenden und ausblickenden Fragen siehe vorheriges Teilkapitel. Intimere oder potentiell schwierigere oder konfliktträchtige Themen, etwa die finanzielle Situation, Konflikte im Paar oder Sexualität, sollten möglichst nicht

---

36 Diese Fragen sollen Erzählungen hervorbringen und daher möglichst offen sein und keine Wertungen oder Erwartungen enthalten. Wie-Fragen sind hierzu gut geeignet, Warum-Fragen eignen sich hierzu in der Regel nicht, da sie auf Begründungen, nicht auf Narrationen zielen und zudem die Befragten unter (gefühlten) Rechtfertigungsdruck setzen können. Warum-Fragen sollen generell nur verwendet werden, wenn es explizit um Begründungen geht.

gleich zu Beginn angesprochen werden. Besser sind solche Themen zu Beginn der zweiten Hälfte oder des letzten Drittels zu verorten, denn bis dahin dürfte sich in vielen Fällen bereits ausreichend Vertrauen aufgebaut haben.

Allerdings sollte der Leitfaden keinesfalls bürokratisch abgearbeitet werden und nicht den Erzählfluss der Befragten unterbrechen oder umlenken, wenn es um die Rekonstruktion der Deutungen und Relevanzen der Befragten geht. Vielmehr dient der Leitfaden primär der Erinnerung für die Interviewenden, die flexibel den Narrationen der Befragten folgen. In der Regel werden viele der im Leitfaden festgehaltenen Themen und Aspekte (und auch andere) von alleine angesprochen und viele Leitfadenfragen fallen dann weg, weil sie bereits beantwortet wurden, oder brauchen nur nochmals kurz aufgegriffen werden.

Wenn die Befragten die Themen in einer anderen Reihenfolge oder andere Themen ansprechen, als es der Leitfaden und die Vorannahmen der Interviewenden vorsehen, soll also der Reihenfolge und der Relevanzsetzung der Befragten gefolgt werden.

4.2.4 Zusammensetzung des Interviewenden-Teams

Unseres Erachtens ist es empfehlenswert, wenn *zwei* Interviewende das gemeinsame Paarinterview führen. Damit wird zumindest zahlenmäßig eine symmetrische Situation erzeugt, was auch in der Sitzordnung zum Ausdruck kommen sollte. Ludwig-Mayerhofer et al. (2001: 10) vermuten zudem, „dass durch das gemeinsame Auftreten von zwei Interviewern der Fokus noch mehr auf das Thema ‚Paar' gerichtet wird". Auch ergeben sich praktische Vorteile, denn so ist es den Interviewenden möglich, sich (besonders, wenn die Interviews länger dauern) abzuwechseln, was wiederum möglichen Aufmerksamkeitsdefiziten entgegen wirken kann.[37] Die Interviewenden sollten sich aber nicht zu häufig abwechseln. Es bietet sich an, bestimmte thematische Zuständigkeiten aufzuteilen. Schließlich ist von Vorteil, dass bei zwei Interviewenden die je nicht aktive Interviewperson gesonderte Aufmerksamkeit darauf richtet, ergänzende Nachfragen zu stellen, die die aktiv interviewende Person womöglich vergessen hat. Zudem erhöht sich damit die Chance, latent gebliebene Aspekte aufzuspüren und nachzufragen.

Es ist allerdings auch möglich, verbreitet und der Qualität des Interviews nicht per se abträglich, das Paarinterview alleine zu führen, wie etwa von Soom Ammann (2011), Stempfhuber (2012) und Peukert (2015) sowie Meuser (nach mündlicher

---

37 Ähnliche Vorteile nennen Julie Seymour et al. (1995: 16) hinsichtlich des Paarinterviews: Wenn zwei Personen gemeinsam interviewt werden, könne die zweite Person (Erinnerungs-)Lücken der ersten Person füllen.

4.2 Art des Interviews, Ablauf und Gesprächsorganisation

Auskunft). Clive Seale et al. (2008) und Wilson et al. (2016) sehen ebenfalls nur eine Interviewperson vor. Dies ist sicherlich auch eine Frage der vorhandenen Ressourcen und der Länge der Interviews sowie der vorhandenen Interviewroutine. Wird das Interview gemeinsam geführt, stellt sich die Frage nach der Zusammensetzung des Interviewenden-Teams, etwa nach Geschlecht. Ludwig-Mayerhofer et al. (2001: 10) ziehen bei Befragungen von heterosexuellen Paaren verschiedengeschlechtliche Teams vor, da in deren Pretest „in gemischtgeschlechtlichen Teams längere Narrationen mit offeneren Aussagen über Liebe, Sexualität, Status und Geld erzeugt wurden" als in gleichgeschlechtlichen. Auch „beeinflusste ferner der *token status* eines Mannes unter drei Frauen, oder einer Frau unter drei Männern, die Datenqualität negativ" (Ludwig-Mayerhofer et al. 2001: 10; Hervor. i. Orig.).

Wir selbst haben viele Interviews mit zwei weiblichen* Interviewenden durchgeführt, schlicht deswegen, weil keine männlichen* Interviewer zur Verfügung standen. Hierbei konnten wir keine explizite Beeinträchtigung der Erzählungen feststellen. Möglicherweise kann ein männlicher* Interviewer mehr Erzählungen bei männlichen* Befragten hervorbringen, dies kann aber auch umgekehrt möglich oder von anderen Dingen abhängig sein, weshalb hier weitere Forschungen notwendig sind. Es kann, und dies ist kein Alleinstellungsmerkmal von Paarinterviews, auch zu Geschlechtereffekten im Interview in der Form kommen, dass etwa Befragte mit den Interviewenden zu flirten versuchen oder sich auf bestimmte, auch sexualisierte Weise präsentieren. Hierzu fehlen (uns) weitergehende empirische Daten und generell ist das Thema nicht abschließend erforscht. Allein die Frage entbehrt allerdings nicht einer deutlichen Heteronormativität – fast nie wird nämlich gefragt, wie mit gleichgeschlechtlichen Paaren oder mit *queeren* Paaren, die sich keiner binären Ordnung zuordnen lassen (möchten), umzugehen ist. Insofern kann hier nur festgehalten werden, dass die Geschlechterzusammensetzung und die Frage, ob und wie Geschlecht im Interview relevant gemacht wurde (vgl. Peukert 2015: 125f.), bei der Auswertung zu reflektieren sind (siehe hierzu auch letzter Absatz des Teilkapitels).

Soom Ammann (2011) führte alleine Paarinterviews und gibt zu bedenken, dass nicht nur Geschlecht eine zu berücksichtigende Dimension ist. In ihrer Untersuchung von älteren italienischen Arbeitsmigrant*innen in der Schweiz hätte es ihr den Zugang zu den Befragten leichter machen können, hätte sie bzw. hätten die Interviewenden ebenfalls einen italienischen Migrationshintergrund, würden sie aus der gleichen Generation stammen oder wären sie sich in ihrer sozialen Herkunft ähnlich. Hirschauer et al. (2015: 4) konstatieren für ihre Studie, „dass das Fehlen oder Vorhandensein eigener Schwangerschaftserfahrungen für den Gesprächsverlauf wichtiger ist als demografische Variablen (wie Alter und Geschlecht)". Nach unseren Erfahrungen können wir der Bedeutung von geteilten Erfahrungen zustimmen und ergänzen: Wenn die Interviewenden etwas ‚haben', was die Befragten nicht ‚haben', aber sehr wünschen (in einem Fall etwa: Partner, Kinder und eine bezahlte Tätigkeit an einer Hochschule), kann dies die Interviewsituation für alle Beteiligten belasten. Damit ist das in der Interviewforschung breit ausgeführte Problem von Nähe/Vertrautheit und Fremdheit/Distanz angesprochen: Nähe durch sozialstrukturelle oder lebensweltliche Ähnlichkeiten kann Vertrauen und einen gemeinsamen Deutungs- und Erfahrungshintergrund schaffen, Fremdheit kann dies erschweren. Umgekehrt kann zu große Nähe zu einem *going native* führen, zu einer Überidentifikation mit den Befragten und dazu, dass wichtige Bestandteile der Geschichten und Deutungen von den Befragten nicht erläutert werden, weil sie als bekannt vorausgesetzt werden. Fremdheit kann – als tatsächliche oder als in der Interviewsituation im Sinne der Hitzler'schen „Dummheit als Methode" (Hitzler 1991) – wiederum dazu beitragen, dass solche Aspekte von den Befragten expliziert werden, was dem besseren Nachvollzug des Geschehens oder der Deutungen zuträglich ist.

Generell ist festzuhalten: Wir halten jegliche Argumentationen für eine vermeintlich zu präferierende oder zu vermeidende Zusammensetzung der Beteiligten, die auf bestimmte identitäre Merkmale der Interviewenden und der Interviewten zielen, etwa Geschlecht, sozialer Status, ethnische Zugehörigkeit, (nicht) gemeinsamer Erfahrungshintergrund u. v. a. m., für problematisch: Erstens können durch Ähnlichkeiten oder Verschiedenheiten, wie eben dargelegt, Effekte erzeugt werden, die sowohl positiv als auch negativ sein können. Zweitens ist nicht vorhersehbar, steuerbar oder kontrollierbar, welche Merkmale der Interviewenden von den Interviewten wahrgenommen und implizit oder explizit für relevant gehalten und mit Bedeutung versehen werden. Drittens birgt eine solche Kategorisierung die Gefahr einer Essentialisierung und Reifizierung von Kategorien. Unabdingbar ist es aber, wie bereits benannt und wie für alle Verfahren der Erhebung verbaler Daten zutreffend, bei der Auswertung zu rekonstruieren und zu reflektieren, welche Merkmale der Interviewenden von den Interviewten wie adressiert und wie relevant gemacht wurden.

4.2.5 Interviewendenschulung

Nachdem die Gesprächsorganisation und Gesprächsführung, wie dargelegt, durchaus voraussetzungsvoll ist und womöglich noch voraussetzungsvoller als bei anderen Interviewarten, ist es für weniger geübte Interviewende dringend angeraten, vor der Führung der Interviews eine Interviewendenschulung zu durchlaufen. Dies ist generell sinnvoll, im Fall von Paarinterviews aber besonders. Wir können an dieser Stelle nicht die konkreten Inhalte einer umfassenden Interviewendenschulung

4.2 Art des Interviews, Ablauf und Gesprächsorganisation

darlegen, die etwa grundlegende technische und interaktive Kompetenzen (wie aktives Zuhören, Frageformulierung, nonverbale Kommunikation etc.), kommunikationstheoretisches Wissen und den Umgang mit Vorwissen der Interviewenden (ausführlich Helfferich 2009) betreffen. Gängige Standardwerke sind hier einschlägig, können in vielen Teilen direkt oder indirekt auf Paarbefragungen übertragen werden und seien daher zur Lektüre und praktischen Übung empfohlen. Dennoch bedürfen einige Aspekte sicherlich besonderer Beachtung.

Einmal wird das Paarinterview oft von zwei Interviewenden durchgeführt, weshalb sich die Interviewenden als Team finden sollten und vor dem Interview absprechen müssen, wer welche Frageteile federführend übernimmt, wer beginnt, wer an welchen Stellen nachfragen darf. Eine Möglichkeit ist, dass I2 am Ende eines jeden thematischen Blockes (wenn der Leitfaden so aufgebaut ist) ergänzende Nachfragen stellt, die vergessen wurden. Eine andere ist, dass I2 vor dem Übergang zu einer neuen Frage eine Nachfrage zu einer Frage stellt, bei der noch Dinge offen geblieben sind. Dafür ist es unabdingbar, dass die Interviewenden den Leitfaden sehr gut kennen. Hilfreich ist auch, wenn sie sich nonverbal oder kurz verbal verständigen können und wertschätzend miteinander kommunizieren. Größere Aushandlungen zwischen den Interviewenden während des Interviews sind zu vermeiden. Die Interviewenden müssen also generell nicht nur gegenüber den Befragten, sondern auch wechselseitig sehr aufmerksam sein, was die kognitiven Anforderungen gegenüber einem ,einfachen' Einzelinterview erhöht.

Eine weitere Herausforderung ist, dass, wenn Aushandlungen generiert werden sollen, beide Befragte von den Interviewenden verbal und nonverbal zu adressieren sind. Zudem können sich die von den Interviewenden auszuhaltenden Pausen länger gestalten als in Einzelinterviews, da die gemeinsam Befragten oft mehr schweigende Zeit zur nonverbalen Aushandlung, wer zu erzählen beginnt und was erzählt wird, benötigen. Auch müssen die Interviewenden darauf achten, dass wichtige Fragen von beiden Partner*innen beantwortet werden und gegebenenfalls bei einer*m der beiden Partner*innen nachfragen, wenn nur eine Person geantwortet hat – allerdings ohne dabei die Fallstruktur zu beeinflussen. Sprich: diese Nachfragen an eine schweigsamere Person dürfen nicht während der Haupterzählung gestellt werden, da sich ja gerade in den dort entwickelten Redeverteilungen und Erzählzuständigkeiten die Fallstruktur des Paares zeigt. Vielmehr sind die Nachfragen im Nachfrageteil zu stellen, bevor man zu einem neuen Interviewthema oder einer thematisch anderen Narrationsaufforderung übergeht oder am Ende des Interviews angelangt ist. Die Interviewenden müssen also das Interaktionsgeschehen beständig aufmerksam beobachten und gegebenenfalls steuernd eingreifen. Diesbezüglich stellt sich das Problem zwischen Steuerung und Offenheit (vgl. ebd.) für die Interviewenden vielleicht etwas weniger ausgeprägt als im Einzelinterview (etwa wenn ein*e Befragte*r vermeintlich für das Forschungsinteresse weniger relevante Dinge ausschweifend erzählt und zum Thema zurückgeführt werden soll), da die Erwartung, dass beide Partner*innen erzählen sollen, üblicherweise bekannt ist und als legitim gilt und auch oft eine*r der Befragten den*die Partner*in an die Frage erinnert und zurückführt.

Wie in (teil-)narrativen Einzelinterviews sollen auch in (teil-)narrativen Paarinterviews die Befragten zu Erzählungen gebracht werden. Hierzu müssen die Interviewenden spezifische erzählgenerierende Fragen und Erzählungen generierende Nachfragen formulieren (siehe oben, Ablauf des Interviews).

Schließlich erfordert es seitens der Interviewenden auch besondere interaktive Kompetenzen sowie ein tiefes Wissen über die im Interview interessierenden Phänomene, um im Paar oder bei den Einzelnen relevante Themen und Aspekte zu identifizieren, die im Interview womöglich nur kurz thematisiert, umschifft oder komplett ausgespart werden. Bisweilen ist es jedoch angebracht, solche Themen nicht unbedingt und keinesfalls gewaltvoll anzusprechen, wenn das Thema zwischen dem Paar konflikthaft ist oder P1 das Thema nicht vor P2 ansprechen oder ausführen möchte. Hierzu gibt es keine eindeutige Regel, sondern ist im Interview von den Interviewenden situationsabhängig zu entscheiden. Wenn nach einer Nachfrage von den Befragten oder einer der befragten Personen deutlich gemacht wurde, nicht weiter darüber sprechen zu wollen, weil das Thema zum Beispiel per se belastet oder zwischen den Partner*innen belastet ist, sollte von einer zweiten Nachfrage und einem Insistieren auf der Beantwortung der Frage abgesehen werden.

Bisher ist uns weder passiert, dass im Paarinterview ein*e Partner*in oder beide aufgrund belastender Lebensereignisse in deutliche emotionale Krisen gerieten (wohl aber mehrfach in Einzelinterviews), noch dass die Partner*innen im Interview in starke offene Konflikte ausgebrochen wären. Ereignet sich dies doch einmal, so zeigt sich der empfohlene Umgang mit heiklen Themen, Konflikten und belastenden Ereignissen im Paarinterview analog zum Einzelinterview (vgl. ebd., insbesondere 148f.): Ist die Interaktionsstörung nicht sehr ausgeprägt, kann an den Rollen festgehalten werden; ist sie stark, kann und soll das Interview durchaus unterbrochen und womöglich abgebrochen werden, um die Befragten zu schützen. Dies erfordert eine hohe Sensibilität der Interviewenden. Oft kann aber im Paarinterview der Partner oder die Partnerin tröstend einspringen, wenn sehr belastende Themen benannt werden, und auch eskalierende Konflikte finden sich relativ selten, da solche Paare tatsächlich weniger bereit zu einem gemeinsamen Interview sind.

4.3 Schwierigkeiten im Interview und Mehrsprachigkeit

In diesem Teilkapitel sollen kurz einige Störquellen und Schwierigkeiten bei der Durchführung von Paarinterviews erwähnt (4.3.1) sowie Überlegungen dazu angestellt werden, wie mit Interviews umzugehen ist, die mehrsprachig oder nicht in der Erstsprache der Interviewenden und vor allem der Interviewten geführt werden (4.3.2).

4.3.1 Störungen und Schwierigkeiten im Interview

Ein wichtiger Punkt ist die verfügbare Zeit. Vorteilhaft ist es, wenn das Paarinterview an einem freien Tag geführt wird und dass, wenn es abends stattfindet, frühzeitig damit begonnen wird, damit genügend Zeit zur Verfügung steht (was natürlich auch für Einzelinterviews gilt). Sonst wird das Interview vielleicht aus Müdigkeit oder Zeitknappheit beendet, bevor alle relevanten Dinge angesprochen wurden, oder es wird unter Zeitdruck und nicht mehr ausführlich genug geführt – selbst wenn die Paare noch länger und ausführlicher erzählen wollen würden.

Auch ist es eine mögliche Störquelle, wenn *weitere Personen* anwesend sind, etwa (kleine) Kinder. Von diesen könnten die Befragten abgelenkt werden; denkbar ist auch, dass Geräusche und Unterbrechungen das Interview beeinträchtigen. Daher sollten diese Einflussfaktoren möglichst vermieden werden. Diese ‚Störungen' können jedoch auch erkenntnisfördernd sein, besonders wenn alltägliche Herstellungsleistungen nicht nur des Paares, sondern auch der Familie von Interesse sind oder Fragen wie von wem und auf welche Weise Fürsorgearbeit im Paar praktisch bewältigt wird (Peukert 2015). So konnten wir in einigen Interviews beobachten, wie das befragte Paar das anwesende Baby fütterte, wer es wickelte und zu Bett brachte und wie beide mit dem Baby und miteinander als Familie umgehen. Auch war in einem Fall der kleine Bruder einer Befragten anwesend, der, wie sich erst dadurch herausstellte, von den Befragten als Mitglied der eigenen Familie (nicht der Herkunftsfamilie) gesehen wird. Will man *explizit* das *doing family* der ganzen Familie erforschen, bietet es sich allerdings auch an, sich methodisch reflektiert direkt für Familieninterviews zu entscheiden (siehe 5.1.2). Diese sind jedoch ebenfalls voraussetzungsvoll und bisher wenig erforscht. Einige Herausforderungen des Paarinterviews stellen sich hierbei noch mehr, da drei, vier oder mehr Personen methodisch und methodologisch zu berücksichtigen sind.

Generell sollte bei solchen Störungen flexibel mit der Situation umgegangen werden. ‚Einfache' Störungen wie Geräusche durch offene Fenster oder laufende Fernsehgeräte sollten bei jeglichen Interviews abzuschalten versucht werden, da sich die Transkription sonst wenig erfreulich gestaltet und wichtige sprachliche Äußerungen unverständlich sein können. Spezifisch für das Paarinterview ist wiederum festzuhalten: *Verlässt* ein*e Partner*in den Raum, sollten die Interviewenden auf irgendeine Weise notieren, zu welcher Uhrzeit oder Bandminute oder bei welchem auffälligen Wort dies geschah und gegebenenfalls wieder beendet wurde. Dies ist bei der Analyse von Redeanteilen, Zuständigkeiten und Unterbrechungen bedeutsam, denn wenn nur eine Person im Raum ist, ist es der anderen per se nicht möglich, zu sprechen – und das vermeintliche Schweigen des Abwesenden kann dann fehlinterpretiert werden.

4.3.2 Zum Umgang mit Mehrsprachigkeit und Interviews in ‚fremden' Sprachen

Methodische und methodologische Fragen des Umgangs mit Mehrsprachigkeit in qualitativen Interviews bildeten im deutschsprachigen Raum lange Zeit eine Leerstelle. Trotz der Kritiken post- und dekolonialer Ansätze am Ethnozentrismus und methodologischen Nationalismus der Sozialwissenschaften, einer wachsenden Migrationsforschung sowie eines großen Interesses an Migrationsprozessen etwa innerhalb der Biographieforschung liegen erst seit wenigen Jahren erste methodische und methodologische Überlegungen zu qualitativen Interviews in mehrsprachigen Settings vor (etwa Cappai 2008, Kruse/Bethmann/Niermann/Schmieder 2012, Kruse/Bethmann/Eckert/Niermann/Schmieder 2012, knapp Bogner/Littig/Menz 2014: 43ff., Przyborski/Wohlrab-Sahr 2014: 314ff.). Mehrsprachige Interviewkonstellationen können Erhebungen von Forschenden im Ausland umfassen sowie Interviews mit Befragten, deren Erstsprache von der Verkehrssprache abweicht. Für Paarinterviews ist neben Interviews mit Paaren im Ausland an Erhebungen im deutschsprachigen Raum mit bilingualen, sogenannten binationalen und Paaren mit Migrationsgeschichte zu denken.

Unabhängig davon, ob Interviews in der Erst- oder einer Zweitsprache geführt werden, basieren qualitative Erkenntnisprozesse auf dem Prinzip des Fremdverstehens (Schütz 2004 [1932]). Wie in Kapitel 2.1 ausgeführt, ist Fremdverstehen nach Alfred Schütz nicht vollkommen möglich, weswegen die Rekonstruktionen der Forschenden immer nur Konstruktionen zweiter Ordnung darstellen. Für Interviews in der Erst- oder einer Zweitsprache gilt zudem gleichermaßen die wissenssoziologische Grundannahme, dass Sprache und Wissen nach Mannheim (1980) immer *seinsverbunden* – und mit der feministischen Wissenschaftshistorikerin Donna Haraway (1988) gesprochen – mit *situierten* Denk- und Wahrnehmungsmustern verknüpft sind. Neben diesen zentralen Gemeinsamkeiten ergeben sich dennoch

4.3 Schwierigkeiten im Interview und Umgang mit Mehrsprachigkeit

für Interviews, die nicht in der Erstsprache der Interviewenden oder Befragten erfolgen, einige besondere Herausforderungen, die hier – soweit sie keine Spezifik von Paarinterviews darstellen – nur knapp behandelt werden.

Worin besteht also zunächst die Spezifik für mehrsprachige Paarinterviews? Zunächst muss das Erhebungsinstrument des Paarinterviews selbst in seiner Partikularität als spezifisch situiert betrachtet werden. Es ist in seinem Entstehungskontext und mit Blick auf eine Reihe von Vorannahmen über Paarbeziehungen zu betrachten (siehe hierzu auch die Überlegungen in Kapitel 2.1). Dazu zählt etwa die Vorstellung einer Privilegierung der Paarebene gegenüber Familien-, Verwandtschafts- und Freundschaftsbeziehungen. Die Übertragbarkeit des Paarinterviews auf nicht westliche kulturell-sprachliche Kontexte ist allerdings noch nicht erforscht.

In mehrsprachigen Interviewkonstellationen, in denen Interviewende und Befragte über unterschiedliche Erstsprachen verfügen, ist grundsätzlich zu überlegen, in welcher Sprache das Interview geführt wird. In der Regel wird empfohlen, das Interview in der Erstsprache der Interviewten zu führen (Kruse et al. 2012b: 53). Werden Paare interviwt, die unterschiedliche Erstsprachen sprechen, muss von den Forschenden oder den Befragten eine Entscheidung getroffen werden, wessen Erstsprache gewählt wird. Soom Ammann (2011: 214f.) berichtet, dass sie die von ihr befragten italienischen Rentner*innenpaare in der Schweiz selbst hat entscheiden lassen, in welcher Sprache sie erzählen wollen. Mit Ausnahme einer Person wählten alle die italienische Sprache. Die Autorin bewertet rückblickend ihre nur begrenzten italienischen Sprachkompetenzen nicht als hinderlich, da sie dadurch genötigt war, in einfacher Sprache nachzufragen.

Eine weitere Spezifik von Paarinterviews kann darin bestehen, dass eine besondere Sensibilität auf Macht- und Ungleichheiten im Sprachverhalten entwickelt werden muss. Bei mehrsprachigen Paaren sollte dabei auf mögliche Unterschiede ihrer Sprachkompetenzen geachtet werden. Wenn eine*r der Partner*innen etwa weniger spricht, eine*r den*die andere*n häufig verbessert oder für ihn*sie spricht, kann dies womöglich weniger an einer paarinternen Ungleichheit, sondern an unterschiedlichen Kompetenzen in der Interviewsprache liegen.

Für Paar- und Einzelinterviews gilt gleichermaßen, dass die methodischen und methodologischen Konsequenzen von Mehrsprachigkeit alle Forschungsphasen betreffen:

Bei der *Entwicklung des Forschungsdesigns* muss reflektiert werden, ob sozialwissenschaftliche Instrumente und Kategorien in den konkreten sprachlichen und kulturellen Kontexten sinnvoll eingesetzt werden können und falls nicht, wie sie modifiziert werden sollten (Rehbein 2012, Çetin 2014). Zudem müssen zeitliche und finanzielle Ressourcen kalkuliert werden: Es kann im Vergleich zeitaufwendiger sein, im Ausland Kontakte und Beziehungen zu entwickeln, wie etwa zu bestimmten Gatekeepern und Dolmetscher*innen (Kruse et al. 2012b: 52). Wenn Dolmetscher*innen zum Einsatz kommen, kann es sinnvoll sein, diese für Interviewbefragungen zu schulen. Werden Gatekeeper eingesetzt, ist zu überlegen, welche Rolle sie im Forschungsprozess erhalten sollen: Sie erschließen Zugänge, aber sie übernehmen häufig auch moderierende Funktionen (ebd.: 32).

In der *Erhebungsphase* ist, wie erwähnt, zu entscheiden, in welcher Sprache das Interview durchgeführt werden soll. In der Literatur finden sich vielfach Belege, dass bereits das Bemühen, das Interview in der Erstsprache der Befragten zu führen, sehr positiv aufgenommen wird und die Beziehung zwischen Forschenden und Interviewten stärkt (ebd.: 55). Für Paarinterviews wäre es sinnvoll, wenn mindestens eine Person des Interviewenden-Teams die Sprache der Befragten spricht. Sofern die Interviewenden die Erstsprache der Befragten nur unzureichend beherrschen, können Dolmetscher*innen hinzugezogen werden, wobei die Anwesenheit einer dritten Person im Einzelinterview oder einer fünften im Paarinterview wiederum Auswirkungen auf die Interviewatmosphäre haben kann. Schließlich muss reflektiert werden, dass Dolmetscher*innen keine ‚objektiven' Übersetzungen liefern, sondern immer ihre Subjektivität und ihre Interpretationen in das Forschungsgeschehen mit einbringen (ebd.: 49).

Bei der *Transkription* der Interviews ist zu entscheiden, in welcher Sprache transkribiert wird und ob eine Übersetzung des Interviews erfolgen oder ob erst in der Ergebnisdarstellung mit Übersetzungen gearbeitet werden soll. Bei Übersetzungen ist ähnlich wie beim Einsatz von Dolmetscher*innen zu berücksichtigen, dass Übersetzungen immer Interpretationen darstellen (ebd.: 45).

Für die *Auswertung* stellt sich die Frage, wie das Material interpretiert werden kann. Jan Kruse und Christian Schmieder (2012: 251) verweisen auf große Unsicherheiten von Forschenden in dieser Phase: Wie können die Forschenden symbolischen Sinn rekonstruieren, wenn das Interview nicht in ihrer Erstsprache erfolgte? Und wie können wiederum die Befragten symbolischen Sinn zum Ausdruck bringen, wenn sie nicht in ihrer Erstsprache sprechen? Die Autoren warnen davor, aufgrund dieser Unsicherheiten vermeintlich eindeutigere inhaltsanalytische Verfahren zum Einsatz zu bringen. Schließlich werden im Interpretationsprozess nicht *per se* den Wörtern inhärente Bedeutungen rekonstruiert, sondern situierte kontextspezifische Sinnrekonstruktionen. Es ist also Vorsicht vor einem statischen Kulturbegriff geboten, mit dem die Beforschten auf ihre vermeintliche Fremdheit festgeschrieben werden und das ‚Eigene' nicht als sprachlich-kulturell positioniert verstanden wird. Oevermann (2008) hält das Auswertungsverfahren der objektiven Hermeneutik sogar gerade für Interviews in fremden Sprachen als besonders geeignet, da in solchen Konstellationen keine künstliche Distanz aufgebaut werden muss, so dass tatsächlich aus der inneren Logik der Sequenzanalyse (siehe dazu Kapitel 4.5) und nicht aus eigenem Kontextwissen heraus Fallstrukturen abgeleitet werden. Das praktische Verstehen sei in ‚fremden' Sprachen erschwert, jedoch nicht das methodische. Ähnlich argumentiert Boike Rehbein (2012), dass symbolische Strukturen von Sprache in der Erstsprache häufig nicht ausreichend erkannt werden, da sie als Selbstverständlichkeit erscheinen. Um Kontextwissen und sprach- und kulturspezifische Deutungsrahmen dennoch berücksichtigen zu können, werden mehrsprachig zusammengesetzte Interpretationsgruppen empfohlen (etwa Przyborski/Wohlrab-Sahr 2014: 314). Um auch Ironie und besondere Tonfälle zu erkennen, sind dabei nicht nur Sprach-, sondern auch Feldkompetenzen zentral.

Bei der *Ergebnisdarstellung* muss entschieden werden, ob mit Übersetzungen oder Originalzitaten gearbeitet wird. Empfehlenswert ist eine Kombination aus beiden, allerdings erlauben Zeichenbegrenzungen von Zeitschriften dies häufig nicht.

Es lässt sich festhalten, dass zum einen Vorsicht vor einer Dramatisierung des Kulturellen geboten ist: Interviewsituationen gehen immer aus der gemeinsamen Interaktion von Forschenden und Interviewten hervor. Dabei muss die Annahme einer Fremdheit des Anderen genauso wie die Positionalität der Interviewenden kritisch reflektiert werden. Dennoch stellen sich spezifische methodische und methodologische Herausforderungen, die insbesondere Fragen der Übersetzung von kulturellen Kontexten, Sprache und Wissen betreffen. Bei Paarinterviews ist vor allem bei der Analyse der Diskursorganisation besondere Reflexivität erforderlich, wenn die Partner*innen unterschiedliche Sprachkompetenzen in der Interviewsprache aufweisen.

4.4 Transkription

Im Forschungsprozess kommt der Transkription des Interviewmaterials eine zentrale Bedeutung zu, denn „sie überführt (…) auditive Wahrnehmungen in schriftliche Texte" (Przyborsi/Wohlrab-Sahr 2014: 163), was wiederum die Grundlage der Auswertung und der intersubjektiven Überprüfbarkeit der Interpretationen und Ergebnisse darstellt: „Systematische Transkriptionen erlauben es, die Transformation der Beobachtungen in Texte nachvollziehbar zu machen und die Interpretationen eindeutig auf entsprechende Textstellen zurückführen zu können" (ebd.: 165).

Voraussetzung für die Transkription ist natürlich, dass das Interview aufgezeichnet wird, in der Regel digital mittels eines Aufnahmegerätes. Nicht nur für Paar-, sondern für alle Interviews gilt: Aufzeichnungen mit einem Mobiltelefon sind alles andere als zu empfehlen, da die Datensicherheit aufgrund möglicher

Datenzugriffe Dritter hierbei nicht abschließend geklärt ist. Wenn die Transkription von Dritten vorgenommen wird, sollten unanonymisierte Transkripte und zu transkribierende Dateien nicht in ungesicherten oder unklar gesicherten Clouds hochgeladen, sondern doch eher altmodisch beispielsweise in Form einer gebrannten CD verschickt werden.

Doch zurück zum Transkript: Auch für die *Tiefe* und *Ausführlichkeit* der Transkription gibt es nicht *eine* Regel. Generell ist die Transkription meist etwas anspruchsvoller und komplexer als bei gängigen Einzelinterviews und vor allem als bei Expert*inneninterviews, bei denen manchmal nur der reine Inhalt des Gesagten oder sogar nur Teile des Gesagten, die von besonderem Interesse erscheinen, transkribiert werden. Generell gilt: Das Interview ist je nach Erkenntnisinteresse mehr oder weniger exakt zu transkribieren. Verfolgt man die oben genannten Erkenntnisinteressen des Nachvollzuges der Aushandlungen und Interaktionen des Paares sowie der manifesten und latenten Deutungshoheiten im Paar, so ist eine möglichst detaillierte und wortwörtliche Transkription erforderlich. Hierbei ist es höchst bedeutsam, das *turn-taking*, gleichzeitiges oder sich unterbrechendes Sprechen der Befragten, Pausen (in denen auch nonverbale Aushandlungen stattfinden können) und deren Länge, Betonungen und Dehnungen von Wörtern, Lachen und gleichzeitiges Lachen mehrerer sowie Äußerungen wie mhs, ähs und pffs, Räuspern, hörbar Einatmen oder Ausatmen usw. zu verschriftlichen. Je nach spezifischen Erkenntnisinteressen ist es auch sinnvoll, Sprechgeschwindigkeit, Tonhöhe, Lautstärke, Lautgestalt, Dialekt und Soziolekt zu transkribieren. Das Gesprochene ist hierbei wortwörtlich zu verschriftlichen einschließlich unvollständiger Wörter und Sätze, Versprecher, grammatikalischer Fehler etc. Auch sollte, wenn wie oben erwähnt eine Person während des Interviews den Raum verlassen hat, dies im Transkript vermerkt werden (Zeitpunkt des Verlassens und der Rückkehr).

Die *Transkriptionsgenauigkeit* nähert sich damit jener von Konversationsanalysen an, ist aber meist nicht ganz so umfassend. Insofern ist die Transkription äußerst aufwendig und der zeitliche und finanzielle Aufwand steigt mit der Transkriptionsgenauigkeit weiter. Möglich ist daher auch, nur bestimmte Stellen wie die Eingangssequenz oder aushandlungsintensive Schlüsselstellen besonders detailliert zu transkribieren. Eine Schwierigkeit kann hierbei allerdings die Identifikation derjenigen Stellen sein, welche als besonders wichtig erscheinen und welche weniger.

Für ausführlichere *Regeln* zur Transkription und verschiedene Transkriptionssysteme, von denen es eine Vielzahl gibt, sei hier wiederum auf die jeweilige spezielle Literatur verwiesen. Einführend stellen beispielsweise Susanne Fuß und Ute Karbach (2014) Prinzipien der Transkription und unter anderem die durchaus verbreiteten und auch für Paarinterviews verwendbaren Regeln nach Bohnsack (2014: 253ff.) vor. Przyborski/Wohlrab-Sahr (2014: 162ff.) bieten ebenfalls einen einführenden Überblick und stellen unter anderem auch für Paarinterviews gut verwendbare, aber komplexe Regeln in Partiturschreibweise – also der Transkription von gleichzeitigem Sprechen – vor. Es ist sinnvoll und verbreitet, sich je nach der erforderlichen Tiefe und Detailliertheit des Transkripts, ausgehend von gängigen und erprobten Transkriptionsregeln, je nach Studie und Erkenntnisinteressen die jeweiligen Regeln mit einiger Erfahrung selbst zusammenzustellen. Diese sind dann aber zu dokumentieren und einheitlich für alle Interviews der Studie zu verwenden.

Nach der Transkription folgt unabdingbar die *Anonymisierung* des Interviewmaterials. Für die Verwendung im internen Forscher*innen-Team umfasst dies zunächst ‚einfache' Daten, die die Interviewten eindeutig identifizieren wie alle Namen, Alter, Orte, Namen von Freund*innen, Arbeitgeber*innen etc. Eine Schwierigkeit stellt sich hinsichtlich zahlreicher weiterer Informationen, die die Befragten identifizierbar machen wie – mit Blick auf Paarinterviews – beispielsweise die Umstände des Kennenlernens und der Paarwerdung oder die beruflichen Tätigkeiten und vieles andere mehr. Diese Informationen sind für die Auswertung bedeutsam, können also nicht einfach verändert werden, gleichzeitig dürfen sie nicht publik werden. Für die interne Verwendung im Forscher*innen-Team sind solche Informationen also wichtig, bei einer Veröffentlichung und Ergebnisdarstellung müssen sie aber anonymisiert oder maskiert werden. In bestimmten, sensiblen Fällen sind sogar Verfremdungen oder die Konstruktion ‚fiktiver' Fälle erforderlich. Hierbei werden die für die Fallstruktur zentralen Aspekte beibehalten, aber hierfür irrelevante Informationen strukturanalog verfremdet, so dass die Paare keinesfalls von externen Personen identifiziert werden können. Dies kann sich als eine äußerst komplexe Aufgabe darstellen.

4.5 Auswertung: Exemplarische Verfahren

Mit Blick auf die Auswertung von Paarinterviews bieten sich vielfältige Methoden aus dem Spektrum der interpretativen oder rekonstruktiven Sozialforschung an, die hier nicht ausführlich beschrieben werden können. Auch hierfür sei auf die umfangreiche entsprechende Literatur verwiesen. Wir gehen nachfolgend nur auf einige wesentliche Aspekte ein und legen knapp ausgewählte Vorgehen bei der Auswertung dar. Zentral bei der Wahl der Auswertungsmethode/n ist, wie auch bei der Leitfadenerstellung, der Erhebung, der Art/en des gewählten Interviews und der Transkription bei sämtlichen Formen von Erhebungen, dass die Auswertungsmethode dem Forschungsgegenstand, der Fragestellung und den

Erkenntnisinteressen angemessen ist, ebenso der jeweiligen theoretischen und methodologischen Verortung der Studie.

Verfolgt man die oben dargelegten spezifischen Erkenntnisinteressen des Paarinterviews, so ist eine Auswertungsmethode erforderlich, die methodologisch zentral die Relationalität und Intersubjektivität der Paarbeziehung berücksichtigt. Sie muss wesentlich die systematische Rekonstruktion der individual- und paarspezifischen Sinnsetzungen, Deutungen sowie der paarspezifischen Interaktions- und Kommunikationsmuster und der Gesprächsorganisation erlauben.

Hier lassen sich erneut die Ausführungen von Deppermann auf Paarinterviews übertragen. Wie er schreibt, sei bei der Auswertung eine Methodologie erforderlich,

„die nicht nur manifeste Inhalte erfasst. Vielmehr besteht die Aufgabe darin, den sequenziellen Prozess der Interaktion, das rhetorische Design der Darstellungen und die narrativen und argumentativen Strukturen von Beiträgen in ihren Details analytisch aufzuschlüsseln. Der Erkenntnisgewinn eines solchen Gegenstandsverständnisses und einer entsprechenden Auswertungsmethodologie liegt darin, dass die performativ und interaktiv im Interview konstituierten Sinndimensionen erschlossen werden können" (Deppermann 2013: 60).

Hierzu bieten sich verschiedene Auswertungsverfahren an, wobei sich inhaltsanalytische Verfahren kaum eignen, sondern rekonstruktive Verfahren das Mittel der Wahl darstellen. Einige solcher Auswertungsmethoden, die auch in verschiedenen der in Kapitel 3 dargelegten Studien verwendet wurden, bilden etwa die *Wissenssoziologische Hermeneutik* (etwa Projekt B6, SFB 536, Wimbauer 2003, 2012 und unsere Projekte), die *Objektive Hermeneutik* nach Ulrich Oevermann et al. (1979) (so etwa Gather 1996, Maiwald 2007), *Narrations- und Biographietheoretische Methoden* insbesondere nach Fritz Schütze (1983, 1987) (so etwa Spura 2014), und die Methodologie der *Grounded Theory* nach Anselm L. Strauss (1994) und Anselm L. Strauss und Juliet Corbin (1996) (so etwa Peukert 2015, teilweise Wimbauer 2003, 2012) oder die *Dokumentarische Methode* nach Ralf Bohnsack (2014), Bohnsack et al. (2001) und Arnd-Michael Nohl (2006) (so etwa Behnke/Meuser 2003, 2005, 2013, Behnke 2012, von Sichart 2016).

Es gibt also nicht *eine* Auswertungsmethode. Dies liegt zum einen daran, dass verschiedene Auswertungsmethoden bzw. ‚Schulen' die Relationalität und Interaktivität des Paares methodologisch und methodisch erschließen können. Zum anderen kombinieren zahlreiche empirische Studien unterschiedliche Auswertungsverfahren, was sich methodologisch nachvollziehbar in der spezifischen Beschaffenheit des Paarinterviews begründen lässt. Es enthält in der Regel (unter anderem) individual- und paarbiographische Elemente in Form mehr oder weniger ausführlicher Narrationen über das Paar und oft auch über die einzelnen Partner*innen; es umfasst Aushandlungen und Argumentationen, diskursive Begründungsfiguren, geteilte oder nicht geteilte Deutungen, subjektive Sinnsetzungen und intersubjektiv konstituierte Sinnwelten, Orientierungs- und Handlungsmuster sowie manifeste und latente Sinnstrukturen.

Je nach spezifischen Erkenntnisinteressen ist die entsprechende Methode zu wählen, wobei es wie besagt oft sinnvoll ist und häufig praktiziert wird, verschiedene Methoden zu kombinieren: Für die narrativen und aushandlungsintensiven Teile des Interviews, also etwa die narrative Eingangserzählung und weitere Schlüsselstellen, bieten sich Methoden einer intensiven und extensiven feingliedrigen Wort-für-Wort-Analyse an, die neben den Inhalten wesentlich auch die sprachliche Interaktion und die Gesprächsorganisation berücksichtigt. Hierzu sind verschiedene Methoden, Kunstlehren oder Forschungsstile geeignet. Individualbiographische Passagen lassen sich biographieanalytisch, aber auch mit anderen Methoden interpretieren, und das gesamte Interview wird häufig im Sinne des Forschungsstils der *Grounded Theory* oder anderweitig paraphrasiert und kodiert. Nachfolgend stellen wir zwei solcher Kombinationsmöglichkeiten und anschließend zwei weitere Auswertungsmethoden kurz vor. Diese Beispiele erfassen das verbreitete Spektrum recht gut, sind aber keinesfalls abschließend gedacht, sondern veranschaulichend.

4.5.1 Kombination von Narrationsanalyse und Dokumentarischer Methode

Behnke und Meuser (2002, 2013) fassen das Paarinterview, wie oben dargelegt, als Hybrid aus autobiographisch-narrativem Interview und Gruppendiskussionsverfahren. Exemplarisch für diese Forscher*innengruppe geht Behnke (2012) einerseits nach der Dokumentarischen Methode der Interpretation nach Bohnsack und Nohl vor, „in der die Analyse der Organisation des Diskurses (wer nimmt in welcher Weise auf wen Bezug) eine wichtige Rolle spielt" (Behnke 2012: 27f.). Hierzu wurden die Anfangspassagen feingliedrig interpretiert sowie „jene Passagen, die besonders deutlich den Fokus der Orientierungen des Paares oder auch charakteristische Divergenzen zwischen den Partnern abbilden" (Behnke 2012: 28). Zum anderen wurde die biographische Gesamtgestalt des Paares nach Schütze (1983) rekonstruiert. Behnke und Meuser verbinden also Verfahren der *Narrationsanalyse* und der *Dokumentarischen Methode*. Ihre sozusagen ‚hybride' Methode

> „ist gleichermaßen auf eine Rekonstruktion der paar-biographischen Gesamtgestalt wie der Diskursorganisation gerichtet. Die Analyse des Paararrangements basiert sowohl auf einer Rekonstruktion der je individuellen wie der geteilten Orientierungsrahmen als auch der Modi der wechselseitigen Bezugnahme der Partner auf-

einander im Interview. In der Rekonstruktion der Orientierungsrahmen macht sich die Hybridkonstellation des Paarinterviews als Mischform von Einzelinterview und Gruppendiskussion darin geltend, dass anders als bei Gruppendiskussionen nicht nur gruppenspezifische kollektive Orientierungen bzw. der geteilte Erfahrungsraum des Paares, sondern gerade auch die je individuellen, mitunter divergierenden Orientierungen der Partner herausgearbeitet werden" (Behnke/Meuser 2013: 78).

Eine kurze exemplarische Interpretation einer Textpassage nach dieser Methode wird in Behnke (2012: 125–133) vorgestellt.

Auch von Sichart (2016) arbeitet in ihrer Untersuchung (siehe Kapitel 3.3), bei der sie Paargespräche und Paarfotografien miteinander trianguliert, mit der Dokumentarischen Methode nach Bohnsack. Bei der Analyse der Paargespräche zielt sie auf eine Rekonstruktion der Orientierungsrahmen der Paare und legt hierbei ihr Augenmerk nicht nur auf das Was der Interviews, sondern auch auf das Wie der Diskursorganisation. Von Sichart (2016: 78ff.) greift dabei auf Przyborski (2004) zurück, die angelehnt an Bohnsack zwei Haupt- und fünf Untervarianten an Diskursmodi unterscheidet: den inkludierenden Diskursmodus, unterteilt in parallele, antithetische und univoke Diskursorganisation, sowie den exkludierenden Diskursmodus mit den Varianten divergente und oppositionelle Diskursorganisation. Diese Modi sowie das gesamte methodische Vorgehen werden ausführlich und anschaulich anhand empirischen Materials verdeutlicht.

4.5.2 Wissenssoziologische Hermeneutik – Biographische Methode – Grounded Theory

In unseren eigenen Projekten, einsetzend mit dem Projekt B6 des SFB 536 zu Geld in Paarbeziehungen, verwenden wir ebenfalls sozusagen eine ‚hybride' Methode oder ein Methodenmix. Im Projekt B6 war das methodische Ziel „die systematische und kontrollierte Rekonstruktion des Alltagswissens, der individuellen und paarspezifischen Relevanzsysteme der von uns untersuchten Akteure und der von ihnen präsentierten (manifest wie latent strukturierten) Kommunikationsmuster des Paares" (Schneider et al. 2004: 6). Dazu bedienten wir uns einer Kombination aus *Grounded Theory Methodologie, Lebensverlaufs- und Biographieforschung* und zentral der *Wissenssoziologischen Hermeneutik* (u. a. Ludwig-Mayerhofer et al. 2001, Schneider et al. 2004, Wimbauer 2003, 2012). Im Mittelpunkt der Auswertung steht hierbei die ausführliche und feingliederige *hermeneutische Sequenzanalyse* (anschaulich Wernet 2000, jedoch auf Grundlage der Objektiven Hermeneutik; ebenso Przyborski/Wohlrab-Sahr 2014: 246–277) zentraler Schlüsselstellen im Sinne der Wissenssoziologischen Hermeneutik. Die Eingangserzählung der Paarwerdung

4.5 Auswertung: Exemplarische Verfahren

wurde in einem aus drei bis sieben Personen umfassenden Team immer derart interpretiert, ebenso weitere ausgewählte, interaktions- und aushandlungsintensive Schlüsselstellen.[38]

Hierbei ist zu Beginn ein möglichst umfassender Raum von potentiellen Lesarten zu eröffnen, d. h. die jeweils als Sequenzen festzulegenden Sinneinheiten sind extensiv auszulegen, indem alle als ‚sinnvoll' denkbaren Aussagenkontexte berücksichtigt werden. Hierbei ist gemäß des Prinzips der Sequentialität nicht auf spätere Aussagen im Interview oder auf Kontextwissen über den zu analysierenden Fall zurückzugreifen. In der konkreten Sequenzabfolge werden die jeweils entwickelten Sinn-Kontexte und damit Lesarten geprüft, aufrecht erhalten, reformuliert oder verworfen und eventuell auch neue aufgenommen, so dass sich – in der Regel – der Auslegungsmöglichkeitsraum über den Analyseverlauf hinweg trichterförmig verengt, bis schließlich im Idealfall eine einzige Deutung bestehen bleibt.

Die hermeneutische Sequenzanalyse der Eingangserzählungen und weiterer Interviewpassagen zielt auf die Generierung von Falldeutungshypothesen, die das jeweilige Paar bezüglich der Fragestellung in seiner Spezifität kennzeichnen. Bei der Analyse dient das nachfolgende Schema als Orientierungsraster, um zu analytischen Deutungshypothesen über das Paar zu gelangen. Dieses Schema ist nicht als starrer Stufenablauf zu verstehen, sondern als heuristisch-analytische Trennung miteinander verschränkter Auswertungsschritte. Vor allem die Schritte 2 bis 4 sind ein rekursiver Prozess. Der in der konkreten Analyse besonders bedeutsame zweite Schritt zielt auf die Interpretation der Inhalte des Erzählten (2a) und der Gesprächs- und Diskursorganisation (2b, 2c); es werden also auch explizit konversationsanalytische Elemente berücksichtigt. Hier wird deutlich, dass ein und derselbe Sachverhalt bestens mit unterschiedlichen Methoden (etwa Dokumentarische Methode und wissenssoziologisch-hermeneutische Sequenzanalyse) erschlossen werden kann.

Das Schema zeigt sich wie folgt:

Schritt 1: Extensive Sequenzanalyse der ausgewählten Schlüsselstelle
Schritt 2: Untersuchung der Schlüsselstelle hinsichtlich der Fragen:
   a) Was wird erzählt?
   b) Wie wird es erzählt?
   c) Wie kennzeichnet sich die Interaktion zwischen den Befragten?
Schritt 3: Identifizierung von Aufmerksamkeitsmarkern, die in der Schlüsselstelle enthalten sind:
   a) Welche Fragen stellt der Text an die Interpretierenden?

---

38 Die nachfolgenden gekürzten Ausführungen finden sich weitgehend identisch in Wimbauer (2003: 146ff.).

b) Welche Fragen stellen sich aus theoretischem Interesse an den Text?
Schritt 4: Entwicklung erster Deutungsantworten auf die sich in Schritt 3 eröffnenden Fragen
Schritt 5: Generierung von Deutungshypothesen über den Fall
Schritt 6: Entscheidung über die Auswahl weiterer Schlüsselstellen

Im weiteren Auswertungsprozess wird das aufgezeigte Vorgehen so oft wiederholt, bis in theoretischer Hinsicht eine Verdichtung der generierten Deutungshypothesen zu einer Gesamtdeutung des Falls möglich erscheint. Schließlich werden zu dieser Gesamtdeutung auch weitere inhaltliche Informationen aus anderen Textstellen der Interviews herangezogen, wozu eine Kodierung der Interviews hilfreich ist.

Neben der Sequenzanalyse wurden die Interviews komplett intensiv *paraphrasiert* und anhand eines in Anlehnung an Strauss (1994) und Strauss/Corbin (1996) entwickelten differenzierten Kodierschemas in Form von zunächst ‚natürlichen' und dann theoretischen Kodes *kodiert*, was nicht nur zentral der inhaltlichen Interpretation dient, sondern auch eine datenbegründete Auswahl weiterer Schlüsselstellen sowie den Zugriff auf das umfangreiche Datenmaterial erleichtert. Am Ende stehen der systematische *Fallvergleich* und die *theoretische Generalisierung* der Ergebnisse.

Ein Beispiel für eine zusammenfassende Darstellung der Analyse einer Eingangssequenz – die Originalprotokolle umfassen bis zu 200 Seiten – findet sich beispielsweise in Wimbauer (2003: 150ff.), wo im Weiteren auch zwei gesamte Fallrekonstruktionen in wesentlichen Aspekten präsentiert werden. Sechs deutlich stärker verdichtete Fallrekonstruktionen werden in Wimbauer (2012) vorgestellt.

In einigen unserer Projekte, etwa jenen zu Doppelkarriere-Paaren (zum methodischen Vorgehen in diesem Projekt ausführlich: Wimbauer et al. 2010), wurden auch *biographieanalytische* Verfahren nach Schütze hinzugezogen, zumal neben den Einzelinterviews narrative, (teil-)biographische Einzelinterviews geführt wurden. Eine Darlegung des konkreten biographieanalytischen methodischen Vorgehens bei einer Paaranalyse wird anhand einer exemplarischen, ausführlichen und anhand einer etwas weniger umfangreichen Falldarstellung von Spura (2014) vorgelegt.

4.5.3 Objektive Hermeneutik

Gather (1996) interessierte sich unter anderem für die latenten Sinnstrukturen der Kommunikation zwischen den von ihr untersuchten Ehepaaren und wählte daher die Kunstlehre der *Objektiven Hermeneutik* nach Oevermann et al. (1979). Damit ist es ihr möglich, den Fokus auf die „bewussten und unbewussten Handlungsregeln des Paares zu richten, zu untersuchen, wie das Paar seine Wirklichkeit konstruiert

4.5 Auswertung: Exemplarische Verfahren

und wie die eheliche Beziehung strukturiert ist" (Gather 1996: 89). Sie arbeitete entsprechend mittels umfangreicher Feinanalysen und sequentieller Fallrekonstruktionen, was dem eben dargelegten Verfahren der hermeneutischen Sequenzanalyse im konkreten Auswertungsvorgehen relativ ähnlich ist. Beide Verfahren wurden in etwa zeitgleich entwickelt – das eine maßgeblich von Ulrich Oevermann, das andere von Hans-Georg Soeffner – und gehen bei der Sequenzanalyse ähnlich vor. Allerdings unterscheiden sich die zugrundeliegenden *methodologischen* Annahmen insbesondere darin, dass nach der Objektiven Hermeneutik von der Existenz objektiver, latenter Sinnstrukturen auszugehen ist, die von der Ebene der subjektiv-intentionalen Repräsentanz zu trennen sind (Oevermann et al. 1979: 380, vgl. auch Wernet 2000: u. a. 18, Przyborski/Wohlrab-Sahr 2014: 246ff.). Gerade der objektive, latente Sinn und die Strukturgesetzlichkeiten sozialen Handelns sollen mittels dieser Methode rekonstruiert werden.

Im letzten Schritt bildete Gather daher im Fallvergleich die oben genannten unterschiedlichen Typen bezüglich der „Regelhaftigkeiten der Reproduktion und Konstruktion von Ehebeziehungen" und der Macht- und Arbeitsteilung in den Ehepaaren (Gather 1996: 92).

4.5.4 Grounded Theory

Peukert (2015) führte ihre Studie zu Aushandlungen von Elternzeit in Paaren konsequent im Stil der *Grounded Theory* durch. Sie führt aus:

> „Ziel der Grounded Theory ist es, Prozesse, (Aus-)Handlungen und Interaktionen aus der Perspektive der beteiligten Akteure zu rekonstruieren und über die Konzeptentwicklung erklärende Abstraktionen der untersuchten empirischen Phänomene im Sinne einer Theorie*bildung* zu leisten (vgl. Clarke 2012: 40)" (Peukert 2015: 121, Hervorh. im Orig.).

Zentral sind bei der *Grounded Theory* das offene, das axiale und das theoretische Kodieren. Peukert (2015: 122) legt weiter dar: „Das offene Kodieren umfasst das Aufbrechen, Untersuchen, Vergleichen, Konzeptualisieren und Kategorisieren von Daten (Strauss/Corbin 1996: 43)", wozu Peukert ausführliche Wort-für-Wort-Analysen der Eingangssequenz und ausgewählter Schlüsselstellen ihrer Interviews anstellte. Beim axialen Kodieren

> „werden durch das Erstellen von Verbindungen zwischen Konzepten die Daten auf eine neue Art zusammengesetzt (ebd.: 75). Ziel ist es, qualifizierte Beziehungen zwischen

den Konzepten am Material zu erarbeiten und über kontinuierliches Vergleichen zu überprüfen (Strübing 2008: 20)" (Peukert 2015: 121f.).

Peukert führte das offene und axiale Kodieren auf zweifache Weise durch: „Zum einen *innerhalb* eines Falles, um Interpretationen und Analysen des Paarinterviews mit denen der Einzelinterviews systematisch zusammenzudenken" (ebd.: 122, Hervorh. im Orig) und zum anderen kodierte sie „offen, axial und selektiv *fallübergreifend* auf Grundlage des in den Fallanalysen erarbeiteten Konzeptes ‚Begründungsfiguren zur Aufteilung der Elternzeit'" (ebd.). Beim selektiven Kodieren wird eine Schlüsselkategorie erarbeitet – hier eben das Konzept der ‚Begründungsfiguren zur Aufteilung der Elternzeit' – und diese wird systematisch mit anderen Kategorien in Beziehung gesetzt, wobei das Material auch rekodiert werden kann (ebd.). Zentral bei dem theoriegenerierenden Vorgehen nach der *Grounded Theory* ist also der beständige systematische Vergleich von Daten. Am Ende steht die empirisch begründete Generierung von Ergebnissen mit einer konzeptionellen Repräsentativität (ebd.: 122 unter Rückgriff auf Strübing 2008: 22).

4.5.5 Zwischenfazit zu Auswertungsmethoden

Anhand der empirischen Beispiele sollten exemplarisch knapp zentrale Auswertungsmöglichkeiten aufgezeigt werden. Abschließend halten wir nochmals fest: Es gibt nicht *eine* Methode zur Auswertung von Paarinterviews, und es gibt auch (noch) keine *als solche kodifizierte* Methode. Oft wird auch auf eine Kombination unterschiedlicher Auswertungsmethoden zurückgegriffen, die teilweise auch je für sich genommen nicht kodifiziert oder kodifizierbar sind, sondern sogenannte ‚Kunstlehren' darstellen. Mit Blick auf die Methodendiskussion wären also weitere Forschung und Arbeit nötig hinsichtlich der Frage, wie die unterschiedlichen je verwendeten Auswertungsmethoden systematisch integriert werden können.

Bezüglich des Forschungsprozesses selbst ist es umso wichtiger, das gewählte Vorgehen angemessen im Gegenstand zu begründen und das konkrete Vorgehen der Auswertung sowie die gewonnenen Ergebnisse möglichst intersubjektiv nachvollziehbar und überprüfbar darzustellen.

Datentriangulation: Ergänzung mit anderen Erhebungsformen 5

Von der häufig herangezogenen Auswertungsmethodenkombination führt uns das Kapitel 5 zu weiteren Kombinations- und Triangulationsmöglichkeiten. Hierbei können nicht nur, wie eben dargelegt, *Methoden* innerhalb des Paarinterviews trianguliert werden, sondern das Paarinterview kann auch im Sinne einer *Daten- und Methodentriangulierung* mit anderen Erhebungsformen gewinnbringend kombiniert werden, etwa wenn innerhalb des geführten Paarinterviews angestellte Beobachtungen und verschriftlichte mündliche Interviewdaten mit unterschiedlichen Methoden ausgewertet werden.

Weitere bisweilen vorgenommene Ergänzungen sind etwa eigenständige ethnografische Beobachtungen (etwa Hirschauer et al. 2014, 2015), die Kombination von standardisierten und nichtstandardisierten Erhebungen im Sinne von *Mixed Methods* (etwa Huinik/Röhler 2005, Gabb/Fink 2015) oder von den Befragten selbst erstellte Materialien wie Bilder, Tagebücher, Geldausgabe- und Zeitverwendungsübersichten. Auch ins Interview selbst können visuelle und schriftliche Elemente integriert werden, oder es können ergänzend andere Befragungen wie Gruppendiskussion angestellt werden. All dies ist jedoch kein Alleinstellungsmerkmal von Paarinterviews, sondern bei sämtlichen Erhebungsformen möglich. Daher gehen wir auf diese Triangulierungsmöglichkeiten nur knapp in Kapitel 5.2 ein. Eine Besonderheit von Paarinterviews im Vergleich zu Einzelinterviews ist hingegen, dass beim Paarinterview ergänzende Einzelinterviews geführt werden können. Wir beschäftigen uns daher in Kapitel 5.1.1 ausführlicher hiermit.

5.1 Ergänzende Interviews

5.1.1 Zusätzliche Einzelinterviews mit beiden Partner*innen

Neben dem Paarinterview können *Einzelinterviews* mit beiden Partner*innen in verschiedenen Reihenfolgen und zeitlichen Abständen durchgeführt werden, was weitere Erkenntnismöglichkeiten bietet (siehe hierzu auch z. B. knapp Seymour et al. 1995). Nachfolgend legen wir drei wesentliche Erkenntnismöglichkeiten dar und beschäftigen uns anschließend mit der Reihenfolge, in der Einzel- und Paarinterviews durchgeführt werden können.

5.1.1.1 Erkenntnismöglichkeiten von kombinierten Paar- und Einzelinterviews

Mit kombinierten Paar- und Einzelinterviews lassen sich erstens *individuelle Aspekte* wie die Berufsbiographie, die eigene Lebens- oder die (Herkunfts-)Familiengeschichte der Einzelnen besonders gut erheben. Zum einen ist dies methodologisch begründet, zielt doch beispielsweise gerade das narrative biographische Einzelinterview methodisch und methodologisch auf die Erhebung eben solcher individualbiographischer Informationen. Zum anderen sprechen pragmatisch-praktische Gründe dafür, Aspekte, die nicht wie Aushandlungen im Gegenstand begründet notwendig im Paarinterview thematisiert werden müssen, in Einzelinterviews zu erfragen. Dies spart gemeinsame, oft knappe Paarzeit und Transkriptionskosten, da Paarinterviews in der Regel aufwendiger transkribiert werden. Allerdings sind ergänzende Einzelinterviews auch ein erheblicher zusätzlicher Zeit-, Geld- und Organisationsaufwand.

Zweitens ergeben sich weitere Erkenntnismöglichkeiten aus der *Zeitlichkeit* von zwei (oder drei) Interviewzeitpunkten: So besteht zunächst die Gelegenheit, Nachfragen zu stellen, Klärungen vorzunehmen und womöglich Vergessenes zu erfragen, wenn es mehrere Interviewzeitpunkte gibt. Zudem können bereits erste Auswertungen, vorläufige Falldeutungen oder Fallstrukturhypothesen aus dem ersten Interview generiert und in den folgenden Interviews weiter erhellt, bestätigt oder gegebenenfalls verworfen werden. Auch lassen sich, wenn der Zeitraum zwischen den Interviews groß genug ist, sozusagen als ein Kurzzeit-Panel, Veränderungsdynamiken direkt einfangen. Hierzu finden sich einige Beispiele in unseren Einzelinterviews, die wir im Abstand von zwei bis sechs Monaten nach den Paarinterviews durchgeführt haben: Einige der Partner*innen in den befragten Doppelkarriere-Paaren machten zwischen Paar- und Einzelinterviews einen Karriereschritt oder -rückschritt, prekär Beschäftigte fanden eine neue Arbeitsstelle oder wurden arbeitslos, eine Befragte war zum Paarinterviewzeitpunkt hochschwanger,

5.1 Ergänzende Interviews

bei den Einzelinterviews war das Kind etwa ein halbes Jahr alt. Auch Umzüge und andere Lebensereignisse bis hin zu Schicksalsschlägen wie Krankheiten oder Sterbefälle im nahen Umfeld ereigneten sich. All diese Dynamiken und Transitionsphasen lassen sich daher zeitnah beobachten. Besonders aufschlussreich ist dies auch, wenn im ersten Interview Fragen zu den potentiellen Auswirkungen derartiger Ereignisse auf die Paararrangements gestellt werden, etwa, wie die Pläne zur Elternzeitaufteilung nach der Geburt sind oder welche Bedeutung Arbeitslosigkeit für das Paar hat. Diese können dann beispielsweise mit dem tatsächlich realisierten Elternzeitarrangement nach der Geburt verglichen werden.

Ein dritter Bereich von weiteren Erkenntnismöglichkeiten erstreckt sich, wie beim ersten Punkt, auf die Art von im Einzelinterview zu erfragenden Themen. Beziehen sich diese besonders geeigneten Themen oben auf individuelle versus gemeinsame (biographische) Aspekte, so rückt an dieser Stelle die Dimension *Konsens versus Dissens* ins Zentrum. Einzelinterviews bieten sich diesbezüglich zum einen an, „wenn das Forschungsinteresse auf unterschiedliche Einschätzungen der Partner gerichtet ist" (Gather 1996: 83 unter Verweis auf Burkart et al. 1989: 73), wenn also Differenzen rekonstruiert werden sollen. Zum anderen lassen sich „,heikle' Informationen" (Gather 1996: 83, Burkart et al. 1989: 74) und Themen, die im Paarinterview bewusst nicht thematisiert wurden (etwa Geheimnisse oder im Paar tabuisierte Aspekte sowie Perspektiven, die im Paarinterview von einer Person nicht verbalisiert werden möchten, sollen oder dürfen), ansprechen. Gleiches gilt für Sachverhalte und Themen, die latent oder manifest dissent waren und/oder bei denen hegemoniale und untergeordnete Positionen zwischen den Partner*innen rekonstruierbar waren. Im Einzelinterview können konfliktreiche Themen besser erfragt werden, da Konsensfiktionen und Tabuisierungen in der Paarinteraktion wegfallen (vgl. Ludwig-Mayerhofer et al. 2001: 9).

Wie Kruse ausführt, sei die wesentliche Stärke von (teilnarrativen) Einzelinterviews (mit beiden Partner*innen), dass sie es ermöglichen,

> „Dissensfelder zu thematisieren. Aufgrund einer größeren Autonomie des einzelnen Partners bzw. der einzelnen Partnerin in der Interviewsituation, welche spezifische Erzähldynamiken provoziert, werden auch kritische Diskurse ermöglicht, die in einem Paarinterview vermutlich in dieser Form nicht möglich sind aufgrund von Schonungsmotiven oder des Motivs, sich als ‚einiges Paar' darzustellen. Die umfassendere Möglichkeit, auch eine differente Perspektive auf die Partnerschaft eigenstrukturiert und unbeobachtet durch den Partner entwickeln zu können, kann somit als jeweilig gegenseitiges Korrektiv der einzeln Narrative genutzt werden und eröffnet die Möglichkeit zu Interdiskursanalysen" (Kruse 2015: 161f.).

Diese ‚Dissensfelder' sind jedoch nicht nur inhaltlich interessant, sondern sie gestalten sich auf mindestens dreifache Weise erkenntnisgenerierend:

Erstens zeigen sie eben inhaltlichen Dissens auf und erlauben die Dechiffrierung der Hahn'schen Konsensfiktionen sowie der Bereiche und Arten und Weisen, wo, wie und worüber im Paar Differenzen auftreten.

Zweitens sind gerade Dissensfelder macht- und ungleichheitssoziologisch höchst aufschlussreich: Im Vergleich des Paarinterviews und der dort gemeinsam dargestellten Paarpraxis mit den Einzelinterviews und dort anders dargestellten individuellen Praktiken, Deutungen und Sichtweisen lässt sich oft anschaulich rekonstruieren, wer sozusagen den in Fußnote 14 angedeuteten ‚Preis' der Konsensfiktion bezahlt, wer sich in einer machtvolleren Position befindet oder wie die Machtrelationen ausgestaltet sind, wer welche Deutungshoheiten erfolgreich für sich reklamieren kann und in welchen Bereichen durch den*die Partner*in Ungleichheiten zu Ungunsten der*s anderen hergestellt werden. Hierbei lassen sich Erzählungen aus den Einzelinterviews allerdings bisweilen nicht einfach dazu heranziehen, um Erzählungen aus den Paarinterviews schlicht zu bestätigen oder zu widerlegen, sondern „they contextualize and complicate them" (Heaphy/Einarsdottir 2013: 64). Gerade bei Konflikten und umkämpften Deutungen ohne eine geteilte Deutungshoheit ist dies besonders der Fall und bedarf vertiefter Analysen.

Drittens sind ergänzende Einzelinterviews auch in methodologischer Hinsicht hilfreich, um zu erforschen, ob und wenn ja, wie die Beziehung eine eigenständige Qualität und Emergenz aufweist. Durch die Kombination von insgesamt drei Interviews mit dem zeitlichen und analytischen Primat des Paarinterviews kann rekonstruiert werden, „ob und wie sich die Befragten in der Paarbeziehung als aufeinander bezogene Subjekte konstituieren, dabei ‚Subjektpositionen' sich selbst und dem anderen zuweisen, diese einnehmen oder verweigern" (Schneider et al. 2002: 21). Dies ist möglich, weil die Differenzen oder Kongruenzen der Darstellungen im Paar- und im Einzelinterview miteinander verglichen werden können. Unter unseren eigenen Fällen fanden sich einige wenige (symbiotische) Paare, in denen die Beziehung weitestgehend zu einer emergenten Einheit wurde. Dies führte im Einzelinterview, das zeitlich nach dem Paarinterview stattfand, zu Irritationen über die empfundene Redundanz und evozierte Aussagen wie „das haben wir (sic!) doch beim letzten Mal schon gesagt". Auf der anderen Seite des Spektrums fand sich das bereits erwähnte Trennungspaar, bei dem mindestens in einem der beiden Einzelinterviews keinerlei Einheit mehr rekonstruierbar war.

5.1.1.2 Zur Reihenfolge von Paar- und Einzelinterviews

Führt man ergänzende Einzelinterviews, so stellt sich die Frage nach der Reihenfolge. Beide Varianten haben Vor- und Nachteile, doch auch dies ist bisher nicht

5.1 Ergänzende Interviews

ausreichend erforscht, wenngleich sich einige Ausführungen hierzu finden. Beides wird praktiziert: Zuerst Paar-, dann Einzelinterviews wurden etwa im Projekt B6 des SFB 536 verwendet, in unseren Projekten sowie von Behrisch (2014), König (2012), Peukert (2015) und Spura (2014). Die umgekehrte Reihenfolge präferierten etwa Bathmann et al. (2011, 2013), Rüling (2007), Kaufmann (1994), Koppetsch/Burkart (1999) und Koppetsch/Speck (2015).

Festgehalten werden kann zunächst: In beiden Fällen ist es wahrscheinlich, dass bei aufeinanderfolgenden Befragungen die zweite durch die erste beeinflusst wird, da sich vermutlich sowohl die Einzelnen als auch die Partner*innen untereinander mit den Inhalten des Interviews auseinandersetzen. Wie Ludwig-Mayerhofer et al. (2001) und Gather (1996) kommt auch Kruse (2015) zu dem Schluss, dass beide Varianten zu Konfundierungen führen können, aber nicht müssen. Die Art und das Ausmaß der Konfundierung hänge, so Kruse, von der zeitlichen Lagerung der Interviews und von den Erkenntnisinteressen, Fragestellungen, dem konkreten Leitfaden und den konkreten Erzählstimuli ab (ebd.: 165). Gather geht davon aus, dass eine Kombination nicht in jedem Fall „die Vorteile beider Instrumente" potenziere (Gather 1996: 83): Einmal steige der organisatorische Aufwand, zudem könnte das zuerst eingesetzte Instrument das zweite ungünstig beeinflussen (ebd.). Generell kommt auch sie zu dem Schluss, dass die Wahl des jeweiligen Instrumentes „maßgeblich von der Forschungsfrage" abhänge (ebd.: 85).

Für die Durchführung *zuerst des Paarinterviews* spricht mit Blick auf *Interviewelffekte*, dass sich die Befragten weniger (aber dennoch) gemeinsam mit den Interviewinhalten auseinandersetzen dürften, da beide anwesend waren und daher keine Wissensdifferenzen zwischen den Partner*innen herrschen. Erfolgen erst getrennte Einzelinterviews, kann damit eine Unterhaltung darüber, was der andere gefragt wurde und gesagt hat, in Gang gesetzt werden und womöglich das Gefühl evoziert werden, die Interviewenden wüssten nun mehr als der/die andere Partner*in. Dies kann gerade bei weniger harmonischen Paaren problematisch sein (vgl. auch Seymour et al. 1995: 12, Valentine 1999: 71). Auch Gather, die selbst nur Paarinterviews durchführte, präferiert für den Fall, dass beides kombiniert wird, die Reihenfolge zuerst Paarinterviews und danach Einzelinterviews, da dies weniger konfundiere.

Aus Sicht des Forschungsinteresses – als zentrales Argument – lassen sich die Darstellung der Paargeschichte, die Paarinteraktion und die Aushandlungen im Interview unvoreingenommener und weniger beeinflusst erfassen, ohne in vorherigen Einzelinterviews schon für bestimmte Themen sensibilisiert zu haben. Auch nach Gather sei es einer der wichtigsten Vorteile, „zuerst gemeinsame Aushandlungsprozesse und Einschätzungen erheben zu können und dann die Partner getrennt die Beziehung und die gemeinsam produzierten Erzählungen bewerten zu lassen" (Gather 1996: 83). Ein weiterer Vorteil bezieht sich auf Paare, in denen ein*e Partner*in Deutungshoheit über bestimmte Aspekte beanspruchen kann. Hier ist es der anderen Person möglich, im späteren Einzelinterview ihre Version der Geschichte und ihre womöglich abweichende Sicht darzulegen.

Als *nachteilig* hat sich erwiesen, dass bei den Befragten der Eindruck entstehen kann, die Interviewenden möchten in den Einzelinterviews ‚überprüfen', ob beide die ‚Wahrheit' gesagt haben bzw. im Einzelinterview wissen, ‚wie es wirklich ist', was allerdings auch schon etwas über das Paar und dessen innere Dynamik aussagt. Dieser potentielle Effekt kann vermieden oder verringert werden, wenn den Befragten gegenüber nachvollziehbar begründet wird, weshalb die Interviews in der gewählten Reihenfolge geführt werden.[39] Nach Kruse können zudem auch in diesem Design Konfundierungen auftreten, denn die gemeinsamen Erzählungen des Paarinterviews sind den Befragten im Einzelinterview noch „präsent und sie steuern somit die Positionierungen und Thematisierungen im Einzelinterview" (Kruse 2015: 165). Jedoch räumt Kruse ein, dass gerade in sehr asymmetrischen Beziehungen der andere Partner oder die andere Partnerin korrigierende Aspekte thematisieren kann und wird (ebd.). Eher nachteilig könnte auch sein, dass Konflikte im Paarinterview weniger thematisiert werden, aber zum einen bleiben hierfür bei Bedarf noch die Einzelinterviews, zum anderen werden Divergenzen üblicherweise bereits im Paarinterview deutlich. Diese können dann in den Einzelinterviews nochmals nachgefragt und eventuell vertieft werden.

Dafür, *zuerst Einzelinterviews* und dann Paarinterviews zu führen, spricht aus unserer Sicht weniger. Eine *Stärke* ist, dass man bereits umfassender individuelle Informationen, etwa zur Berufsbiographie, erhalten kann, hierbei aber wiederum Aushandlungen, gemeinsame Deutungen oder Abstimmungen fehlen. Jean-Claude Kaufmann erhoffte sich, dass von ihm „die Inkohärenzen in den Aussagen jedes einzelnen Individuums und zwischen den Partnern herausgefiltert werden" können und dass er „so in einigen Fällen kleinen Ehestreitigkeiten direkt beiwohnen und sie aufzeichnen" könne. Diese Hoffnung wurde, so Kaufmann, jedoch enttäuscht: „die Paare verteidigten die Einheit, die durch die auf sie zielenden Angriffe in Frage gestellt wurde, wobei einige sogar ihre vorherigen Äußerungen zurücknahmen" (Kaufmann 1994: 12f.).

---

39 So haben wir unsere gewählte Reihenfolge gegenüber den Befragten damit begründet, dass das Paar im Mittelpunkt steht und wir daher zuerst ein gemeinsames Interview über das Paar führen möchten, während in den folgenden Einzelinterviews eher individuelle Aspekte wie die Lebensgeschichte, die Berufsbiographie sowie Nachfragen zum Paarinterview thematisiert werden.

Als *Schwächen* lassen sich folgende anführen: Wie Gather ausführt, seien die Interviewten, wenn zuerst Einzel- und dann Paarinterviews geführt würden, möglicherweise „in Sorge, daß (…) unterschiedliche Äußerungen der Partner gegeneinander ausgespielt werden könnten" (Gather 1996: 83). Zudem, so Gather, seien „die Partner nicht mehr bereit, die gleichen Geschichten noch einmal zu erzählen" (ebd.). Dies bezweifelt wiederum Kruse (2015: 164), denn im Paarinterview werde allemal nicht „die gleiche Geschichte nochmals erzählt" (ebd.), da sich alleine schon das Setting und die Zusammensetzung der Kommunizierenden unterscheide. Zudem könne man mit verschiedenen Stimuli auf die gleiche Geschichte zielen: „Denn sehr wohl kann derselbe Erlebniszusammenhang – die Paargeschichte – über unterschiedliche Stimuli aktualisiert werden, womit die Gefahr einer Irritation des Paares im gemeinsamen Interview umschifft wird (vgl. Quasthoff 1980)" (ebd.). Kruses Ausführungen würden nun wiederum wir in Teilen widersprechen. Sicherlich ist in einer zweiten Befragung, und dies gilt für beide Reihenfolgen, ein geschickt gewählter abgewandelter, aber auf das gleiche zielender Stimulus in der Regel vorteilhafter als der identische. Jedoch sind die befragten Paare durchaus in der Lage, das gleiche Ziel zweier unterschiedlicher, aber auf das gleiche zielender Stimuli zu erfassen – und sie sind, wenn sie dies bemerken, nicht immer sonderlich davon erfreut. Wie die Paare reagieren, ist zum einen eine Frage des handwerklichen Geschicks bei der Leitfadenkonstruktion und Interviewführung. Zum anderen ist die potentielle Explosivität sicherlich eine Frage der jeweiligen Thematik. Schließlich ist die zugrundeliegende Beziehungskonzeption und Beziehungsstruktur in Kombination mit der jeweiligen Thematik aus unserer Sicht dafür entscheidend, ob es zu Irritationen im Interview zwischen den Befragten und/oder zwischen den Befragten und den Interviewenden kommt – und dies höchstwahrscheinlich in beiden Reihenfolgen.

Nachteilig ist weiterhin und aus unserer Sicht vor allem, dass man (direkt oder indirekt) in das Paargeschehen eingreift, wenn widersprechende oder konflikthafte Informationen, die zuerst in den Einzelinterviews deutlich wurden, im Paarinterview von den Interviewenden oder den Befragten thematisiert werden. So äußerte sich ein*e von Braybrook et al. (2017: 587) Befragte*r: „Don't tell him I said that [laughing]. You'll be causing a divorce". Entsprechend stellen sich potentiell große forschungsethische Probleme, wenn „die Interviewer auf der Grundlage der Individualinterviews in der Paarbefragung Themen ansprechen, die für das Paar problematisch sind (z. B. Dinge, die ein Partner vor dem anderen verheimlich [sic!] möchte), sofern ihnen die Brisanz dieser Themen nicht klar geworden wäre" (Ludwig-Mayerhofer et al. 2001: 10). Abgesehen von diesem potentiell weitreichenden Interviewendenfehler kann es aber auch allein durch die Thematisierung bestimmter, konflikthafter oder auch tabuisierter Themen im vorherigen Einzelinterview im gemeinsamen Paarinterview dazu kommen, dass Konflikte, ‚Geheimnisse' und widerstreitende Ansichten und Standpunkte im folgenden Paarinterview virulent werden. Das frühere Einzelinterview konfundiert hier auf besondere Art und Weise das Paarinterview.

Wie wir, so hält auch Kruse (2015) generell bewusst *konfrontative* Paarinterviews für problematisch, unabhängig von der Reihenfolge. Zwar kann es sicherlich sein, dass sie interessante Interaktionen zu erfassen vermögen. Dem steht aber entgegen, dass nach Kruse bewusst konfrontative Paarinterviews forschungsethisch nicht zulässig seien (ähnlich auch Braybrook et al. 2017, Taylor/de Vocht 2011) – eine Sichtweise, die auch wir vertreten. Kruse geht aber davon aus, dass, wenn Paare sich im Wissen um das Design (zuerst getrennte Einzelinterviews, danach Paarinterviews) zu diesen Interviews bereit erklären, sie eine stillschweigende und grundlegende Übereinstimmung im Paar darüber aufweisen würden,

> „wie viel Dissens in den Einzelinterviews wie geäußert werden kann, und wie viel Reibungsfläche sich das Paar im gemeinsamen Interview bietet. Es scheint evident, dass kaum Paare an einer Studie teilnehmen, die Angst haben, dass aktuelle Beziehungsprobleme in den Interviews eskalieren (vgl. Przyborski/Wohlrab-Sahr 2009: 124ff.)" (Kruse 2015: 164f.).

Zudem sei nach Kruses Erfahrungen die Bereitschaft von Paaren, Dissens und Konflikte im gemeinsamen Interview zu präsentieren und auszutragen, „erstaunlich hoch" (ebd.: 165). Trotz dieser – offenbar doch nicht so stark wie oft angenommen ausgeprägten – Konfliktaversion würden die Paare aber selten „die Interviewsituation als ein ‚Krisenexperiment'" (ebd.) nutzen. Auch nach unseren Erfahrungen können wir beide Aspekte im Regelfall bestätigen. Dass aber Dinge angesprochen wurden, die der*die andere Partner*in bisher nicht wusste und überrascht aufnahm, kam durchaus das eine oder andere Mal vor. Wie dies dann im Paar weiter verhandelt wurde, entzieht sich allerdings unserer Kenntnis.

Zusammenfassend lässt sich daher festhalten: Beide Varianten haben Vor- und Nachteile. Auch unserer Ansicht nach ist es letztlich zentral abhängig vom Forschungs- und Erkenntnisinteresse, welche Reihenfolge dem Gegenstand am angemessensten ist. Bei der Entscheidung ist auch das generelle Forschungsverständnis der Forschenden mit Blick auf das zulässige Ausmaß der womöglich in den Interviews generierten Konflikte relevant.

5.1.1.3 Durchführung der Interviews

Führt man Einzelinterviews durch, sollten diese möglichst gleichzeitig stattfinden, um das Potential für Konfundierungen zu verringern. Andernfalls kann wiederum ein Austausch zwischen den Partner*innen über das Interview die Datenqualität beeinflussen. Auch ist es vorteilhaft, wenn möglichst die beiden bereits bekannten Interviewenden das Interview führen, da unbekannte Interviewer*innen bei den Befragten zu Irritationen bezüglich der Datenweitergabe, des erneuten Erzählens von bereits Erzähltem u. a. führen können.

5.1.2 Familieninterviews, familiengeschichtliche Gespräche und Gruppendiskussionen

Neben dem Paarinterview existieren weitere kollektive Erhebungsverfahren. Dazu zählen das Familieninterview, familiengeschichtliche Gespräche sowie Gruppendiskussionen (siehe Kapitel 2.2.2.3). Sie teilen mit dem Paarinterview einige Vorzüge und Grenzen, halten aber auch besondere Herausforderungen bereit. Paar- und Familieninterviews eint, dass sie in der qualitativen Sozialforschung noch weitaus weniger eingesetzt werden als Einzelinterviews und Gruppendiskussionen.

5.1.2.1 Familieninterviews und familiengeschichtliche Gespräche

Wie erwähnt, bieten sich Familieninterviews an, wenn nicht die Paarebene, sondern der Alltag, die Geschichten und Darstellungen von Familien im Zentrum stehen. Przyborski und Wohlrab-Sahr (2014) fassen diese Erhebungsform als eine erweiterte Form des biographischen Interviews. Hildenbrand und Jahn (1988: 203) sprechen von ‚familiengeschichtlichen Gesprächen', die sie als Erhebungsmethode verstehen, mit der Familienbiographien und „aktuelle Sinnbildungsprozesse" in Familien rekonstruiert werden können.

Familieninterviews oder familiengeschichtliche Gespräche kommen zum Einsatz, wenn mehrere Generationen berücksichtigt werden sollen. Mithilfe von Familieninterviews rekonstruierte Wohlrab-Sahr (2006) etwa, wie sich in ostdeutschen Familien angesichts der Systemtransformation Generationenbeziehungen gestalten, wobei sie sich insbesondere für veränderte religiöse und weltanschauliche Haltungen interessierte (auch Wohlrab-Sahr/Karstein/Schaumburg 2005). Hildenbrand (1983, 2005) beschäftigte sich mit der Entstehung von Schizophrenie in Familien, ausgehend von der Annahme, dass das Vermögen Jugendlicher, sich vom Elternhaus abnabeln zu können, mit der „Innen-Außen-Orientierung" ihrer Familien verknüpft ist (ebd. 2005: 68).

Familieninterviews oder familiengeschichtliche Gespräche bilden allerdings nicht die einzige Möglichkeit, sich Familienwirklichkeiten zu nähern. Oevermann et al. (1979) nahmen an gemeinsamen Speisen von Familien teil, um deren Kommunikation zu untersuchen. Auch Angela Keppler (1994) untersuchte konversationsanalytisch Familientischgespräche. Ein weiteres Beispiel ist die Studie von Karin Flaake (2014), die allerdings Einzelgespräche mit Angehörigen von Familien führte, in denen eine geteilte Elternschaft praktiziert wird.

Das Familieninterview teilt mit dem Paarinterview den Vorzug, dass Einzelne nicht nur über ihren Familienalltag sprechen, sondern zugleich als Familie interagieren. Wie beim Paarinterview kann ein Nachteil sein, dass bestimmte Themen tabuisiert und Konflikte eher ausgespart werden; diese könnten in ergänzenden Einzelinterviews angesprochen und vertieft werden (siehe 2.2.2.3 und 5.1.1, Przyborski/Wohlrab-Sahr 2014).

Denkbar wäre auch, Familieninterviews oder -gespräche mit Paarinterviews zu kombinieren, so dass Erkenntnisse über die Wechselverhältnisse von Paar- und Familienebene generiert werden können: Wie veränderten sich etwa Paarbeziehungen, Beziehungsvorstellungen und Leitbilder in Familien über Generationen hinweg? In welchem Verhältnis steht das Paar innerhalb einer Familie mit weiteren Angehörigen? Die Beantwortung dieser Fragen ist noch ein Forschungsdesiderat.

Eine spezifische Komplexität des Familieninterviews besteht in der Frage der Zugehörigkeit zu einer Familie. Hildenbrand (2005) berichtet von großen Überraschungen, die er erlebte, als er Familien zu Gesprächen bei ihnen zuhause aufsuchte. Nicht alle Angehörigen wurden informiert, zudem trafen verspätet Gäste ein. Er empfiehlt: „Betrachten Sie die Zusammensetzung der Personen, auf die Sie zum Zeitpunkt des vereinbarten Gesprächstermins treffen, als Ausdruck dieser Familienwelt, der zu interpretieren ist, und nicht als Störfaktor" (ebd.: 29). In der Studie von Wohlrab-Sahr (2006) sollten stets Angehörige dreier Generationen an dem Familiengespräch teilnehmen. Einige Familienmitglieder verweigerten jedoch ihre Teilnahme mit dem Hinweis, nicht mit einer konkreten Person an einem Tisch sitzen zu wollen. Auch hier waren es eher Frauen*, die an den Interviews teilnahmen (Przyborski/Wohlrab-Sahr 2014: 113). Wohlrab-Sahr (2006) rät ebenfalls, Verweigerungen nicht als Störfaktoren zu ignorieren, sondern sie mit Blick auf die Fragestellung zu reflektieren und die Perspektiven der sich Weigernden durch weitere Erhebungsverfahren wie ergänzende narrative Einzelinterviews mit zu berücksichtigen. Würden sie aus dem Forschungsprozess ausgeschlossen, bestünde die Gefahr eines positiv verzerrten Samples.

Als Erzählstimulus kann eine Frage nach der Geschichte der Familie erfolgen (Wohlrab-Sahr 2006, Przyborski/Wohlrab-Sahr 2014: 113ff.) oder die Familie kann aufgefordert werden, Geschichten aus dem „Familienleben von früher und heute zu erzählen" (Hildenbrand/Jahn 1988: 207).

Nach Hildenbrand (2005) ist es angeraten, zusätzlich zu den Familiengesprächen Beobachtungsprotokolle zu erstellen, Genogrammanalysen vorzunehmen und weitere Dokumente zu analysieren. Das Beobachtungsprotokoll sollte, ähnlich wie beim Paarinterview, Hinweise zu Sitzordnungen, der Wohnungseinrichtung sowie Eindrücke über Körperhaltungen und Sitzpositionen enthalten. In einem Genogramm können zentrale Ereignisse wie Hochzeiten, Geburten, Todesfälle und Umzüge graphisch festgehalten werden. Anhand des Genogramms lassen sich die „objektiv gegebenen Entscheidungsspielräume" mit den „tatsächlich getroffenen Entscheidungen" abgleichen und daraus erste Hypothesen generieren (ebd.: 33). Mit weiteren Dokumenten sind etwa Landkarten gemeint, aus denen die Wohnlage der Familie hervorgeht, oder Dokumente aus Gemeindearchiven, die Auskunft über die Vergangenheit ansässiger Familien geben können.

Stärker noch als Einzel- und auch Paarinterviews setzen sich Familieninterviews und familiengeschichtliche Gespräche aus Passagen zusammen, in denen einzelne Familienangehörige erzählen und mehrere miteinander diskutieren. Dabei können Dynamiken entstehen, in denen bestimmte Angehörige wenig zu Wort kommen, andere wiederum die Gespräche dominieren. Hier fällt den Interviewenden die Aufgabe zu, zurückhaltende Angehörige zum Ausführen zu ermuntern (Przyborski/Wohlrab-Sahr 2014: 118).

5.1.2.2 Gruppendiskussionen

Wenn nicht subjektive und biographisch-zeitliche Perspektiven von Einzelnen, sondern kollektive Orientierungen und Haltungen im Zentrum stehen, bietet sich der Einsatz von Gruppendiskussionen an (Bohnsack 2014, Kühn/Koschel 2011, Przyborski/Wohlrab-Sahr 2014: 101ff.). Eine prominente Version dieses Verfahrens wurde im deutschsprachigen Raum von Werner Mangold und Ralf Bohnsack im Anschluss an die Wissenssoziologie Mannheims entwickelt. Ausgangspunkt ist die Annahme, dass in Gruppendiskussionen kollektive Erfahrungen artikuliert werden, die wiederum in verschiedenen Milieus unterschiedlich verarbeitet werden können (Bohnsack 2014). Mit Kollektivität ist nicht eine der Biographie äußerliche Erfahrung gemeint, sondern die Erfahrung des „erlebnismäßigen Miteinanderverbundenseins" (ebd.: 122).

Um jene kollektiven Erfahrungen und Orientierungen von Gruppen rekonstruieren zu können, ist es notwendig, dass die Gruppe miteinander in eine Diskussion gerät. Hierzu wird empfohlen, Gruppen aus Teilnehmenden zusammenzusetzen, die über ähnliche Erfahrungen verfügen. Forschende können dabei Gruppen aus Teilnehmenden zusammenstellen, die sich nicht kennen, aber etwa durch ihre Berufszugehörigkeit über ähnliche Erfahrungen verfügen. Eine andere Möglichkeit ist, auf Realgruppen zurückzugreifen, wie sie etwa in Vereinen, Freundschaftskreisen oder Berufsteams vorliegen (Przyborski/Wohlrab-Sahr 2014). Realgruppen sind vor allem dann die erste Präferenz, wenn kollektive Orientierungen (dieser Realgruppen) erfasst werden sollen. Damit dennoch ein heterogenes Sample entsteht, werden oft mehrere Gruppendiskussionen mit Gruppen aus verschiedenen Milieus geführt.

Wie Marliese Weißmann (2016: 99) in ihrer Untersuchung zu Arbeitslosen zeigt, ist die Betonung des Gemeinsamen bei Gruppendiskussionen insbesondere dann ein Vorzug, wenn Themen mit stigmatisierendem Potential verhandelt werden. Während im Einzelinterview die Gefahr einer Besonderung besteht, etwa in der Gegenüberstellung von Forscher*in und arbeitsloser Interviewperson, kann im Gruppeninterview Gemeinschaft, Normalität und Zugehörigkeit hergestellt werden. Ob auch in Paarinterviews stigmatisierendes Potential abgewendet werden kann und falls ja, in welchen Kontexten, oder ob Paarinterviews dies nicht leisten können, sind noch offene Fragen.

Noch stärker als bei Paar- und Familieninterviews sollte darauf geachtet werden, dass die Forschenden sich in der Moderation stark zurücknehmen und, wenn sie in das Diskussionsgeschehen eingreifen, immer die ganze Gruppe und nicht Einzelne adressieren. Als Eingangsstimuli sind Fragen oder Aussagen sinnvoll, in denen nicht bereits bestimmte Orientierungen formuliert sind, sondern mit denen die Teilnehmenden dazu angeregt werden, eine Diskussion zu eröffnen, in der ihre Orientierungen und Werthaltungen zum Ausdruck kommen. Bethmann (2013) empfiehlt, Fragen zu formulieren, mit denen Gruppen schnell in ein Gespräch kommen können. In ihrer Untersuchung zum Sprechen über Liebe – bei der nicht Paare, sondern Einzelne teilnahmen – setzte sie zunächst den Erzählstimulus „‚Was bedeutet für Euch Liebe?'" ein, was die Gruppe erst überforderte und zu Schweigen führte. Als fruchtbarer erwies sich der später verwendete Stimulus „‚Viele Leute sagen ja, die ideale Liebesgeschichte gibt es nur im Film. Wie sehen Sie das? Gibt es die ideale Liebe?'" (ebd.: 70).

In der Paarforschung spielen Gruppendiskussionen noch keine größere Rolle. Bethmann sieht in der eben genannten liebessoziologischen Studie den Vorzug von Gruppendiskussionen darin, dass Liebe dort, anders als in Studien, die Einzelinterviews einsetzen, „konsequent sozial kontextualisiert" wird (ebd.: 14). Dadurch werde die Reduzierung und soziologische Verzerrung von Liebe als eine intime und private Tatsache vermieden, die ausschließlich auf Paarebene bedeutungsvoll scheint. Bethmann verweist etwa auf die hohe und noch unterschätzte Bedeutung von Dritten in Liebesbeziehungen. Für die Entstehung von Liebesbeziehungen sei auch die Frage, ob die Dyade für andere – Freund*innen, Familie und weitere Verwandtschaft – als „anerkennbare Paarbeziehung" erscheinen kann (ebd.: 221) zentral. Aus Perspektive der Paarforschung ließe sich entgegnen, dass gerade mit Paarbefragungen individualistische Kurzschlüsse vermieden werden können. Auch

kann die Bedeutung von Dritten in Paar- und auch in Einzelinterviews systematisch mit erhoben werden (etwa durch Netzwerkkarten, siehe 5.2).[40]
Wie dem auch sei: Bisher wurden kaum Gruppendiskussionen mit Paaren durchgeführt. Der weitere Einsatz von Gruppendiskussionen in der Paarforschung wäre aber durchaus aufschlussreich, etwa wenn Paare als Zugehörige bestimmter sozialer Gruppen kollektive Erfahrungen und Orientierungen zum Ausdruck bringen. Zu denken ist etwa an kollektiv geteilte Erfahrungen gleichgeschlechtlicher Paare, die eine Familie gründen wollen oder sogenannte binationale Paare, die arbeits- und aufenthaltsrechtliche Einschränkungen erfahren und vieles andere mehr.

5.2 Weitere Datenquellen

Wie oben dargelegt, beinhaltet das Paarinterview neben den sprachlichen Äußerungen bereits weitere Datenquellen durch die Möglichkeit einer teilnehmenden Beobachtung der Interviewten sowie des räumlichen Umfeldes, in dem die Befragung stattfindet (in der Regel die Wohnung der Befragten).

Daneben können je nach Forschungsinteresse auch verschiedene andere Datenquellen zum Paarinterview hinzugezogen werden: zum einen *Mixed Methods* als die Kombination von standardisiert erhobenen Daten mit nichtstandardisierten Daten, wie etwa mit Paarfokus exemplarisch im Projekt B6 des SFB 536, in dem in der dritten Phase eine standardisierte Erhebung von Geldverwaltungsarrangements durchgeführt wurde – oder aus einer Paarperspektive, aber mittels Einzelbefragungen (Rusconi/Solga 2011, Rusconi et al. 2013). Hier stellen sich mit Blick auf die Integration der unterschiedlichen Daten die gleichen Fragen wie bei der Kombination von nichtstandardisierten Einzelinterviews mit standardisierten bezüglich der Abfolge der Untersuchung und des Stellenwertes der jeweiligen Daten in der Untersuchung, der Auswertungsmethoden und vor allem der Integration sich widersprechender Ergebnisse. Da eine Darlegung all dieser Herausforderungen von *Mixed Methods* Designs den Rahmen des vorliegenden Buches sprengen würde, sei hier auf die Speziallitertur und auf gängige Lehrbücher verwiesen,[41]

---

40 Wie etwa in unserem Projekt „Ungleiche Anerkennung? ‚Arbeit' und ‚Liebe' im Lebenszusammenhang prekär Beschäftigter", in dem in den Einzel- und Paarinterviews auch Netzwerkkarten verwendet werden, mittels derer (neben anderem) die Bedeutung von Freundschafts- und Familienbeziehungen rekonstruiert wird.
41 Beispielsweise Bergman (2008), Creswell/Plano Clark (2007), Flick (2008), Erzberger (1998), Kelle (2007), Kluge/Kelle (2001), Kuckartz (2014), Tashakkori/Teddlie (2003, 2010), Teddlie/Tashakkori (2009).

die jedoch unseres Wissens nicht explizit die Integration von qualitativen Paarinterviews mit standardisierten Paar-Daten behandeln. Hier stellen sich nochmals größere Herausforderungen, da nicht nur nichtstandardisierte und standardisierte Daten, die sich auf je eine Zielperson beziehen, integriert werden müssen, sondern je nichtstandardisierte Daten eines Paares (und der beiden Partner*innen) mit den standardisierten Daten der beiden Partner*innen.

Zum anderen können *vielfältige* Erhebungsformen eingesetzt und gewinnbringend in das Paarinterview integriert oder mit Paarinterviews kombiniert werden, zu nennen sind beispielsweise:

- *Standardisierte Fragebögen für beide Partner*innen*, etwa für standarddemographische Angaben wie Alter, Ausbildungen, aktuelle berufliche Situation, Einkommen, Geschwister, Kinder etc., um deren Ausfüllung man beide Partner*innen getrennt voneinander nach oder vor dem Interview bitten kann.
- *Individual- oder paarzentrierte Berufs-, Paar-, Familien-* und andere *Lebenslauftabellen* oder *Verlaufsgraphiken der finanziellen Entwicklung*, welche die Befragten während des Interviews oder – da dies meist einige Zeit in Anspruch nimmt – besser nach dem Interview ausfüllen und zurückschicken sollen. Sinnvollerweise hinterlassen die Interviewenden ein frankiertes Rückkuvert. Relativ oft geraten diese hinterlassenen Tabellen jedoch in Vergessenheit, was ein erinnerndes Nachfragen erforderlich macht.
- *Standardisierte Einstellungsfragen* beispielsweise zu Geschlechterrollen (etwa aus dem ISSP oder dem ALLBUS), die dem Paar im Interview vorgelegt werden, wobei hier weniger die Inhalte der Antworten als vielmehr die die Antwort begleitenden Interaktions- und Aushandlungsprozesse von Interesse sind (vgl. Wimbauer 2003: 146).
- *Egozentrierte Netzwerkkarten* (Kahn/Antonucci 1980, Hollstein/Pfeffer 2010) oder für *Paare modifizierte Netzwerkkarten*, in welche die Befragten für sich oder für das Paar wichtige soziale Kontakte, Freundschaften, nahestehende Personen etc. eintragen können. Dies ist sinnvollerweise in das Interview zu integrieren, da dann direkt nach Erläuterungen der jeweiligen Personen gefragt werden kann. Bei einer gemeinsamen Paar-Netzwerkkarte kann es auch zu aufschlussreichen Aushandlungen darüber kommen, welche Personen dem Paar wie nahe oder fern stehen. Die qualitative Netzwerkanalyse (QNA) (etwa Hollstein/Straus 2006) könnte also gewinnbringend mit Paarinterviews kombiniert werden, Paarnetzwerkkarten sind aber noch nicht Bestandteil des Standardrepertoires der QNA.
- Verschiedene Dokumente, die einen *Einblick in den Alltag des Paares* oder der Partner*innen erlauben wie Tagebücher; so ließen beispielsweise Hirschauer et al. (2015: 3) die befragten Schwangeren Schwangerschaftstagebücher erstellen.

5.2 Weitere Datenquellen 103

- *Haushaltsbücher, Geldausgabe-, Arbeitsteilungs- oder Zeitverwendungsübersichten*, um deren Anfertigung man die Partner*innen oder Paare bitten kann.
- Zu erstellende *Collagen*[42] oder selbst produzierte Videoaufzeichnungen als Selbstdokumentation von Alltagsszenen (so etwa Isep 2014), aus Emoticons bestehende „emotion maps" (Gabb/Fink 2015: 118ff.) und vieles andere mehr, was die Befragten während oder nach dem Interview ausfüllen, zeichnen oder anfertigen sollen.

Neben diesen im oder nach dem Interview zu erhebenden Daten können die Paare auch gebeten werden, verschiedene bereits *existierende visuelle* Daten und Dokumente, die einen Einblick in das Innenleben und den Alltag von ihnen als Paar erlauben, bereitzustellen, beispielsweise Fotografien (etwa Gabb/Fink 2015: 118, Isep 2014), Fotoalben, Hochzeitsfotos oder Urlaubsvideos. Wenn vorhanden, können auch Internetauftritte und Blogeinträge der Paare zu Themen, die ihre Paarbeziehung (oder auch ihre Selbstdarstellung) betreffen, wie etwa das Erleben von Elternzeiten, Vaterschaft, Schwangerschaften, gemeinsame Reisen etc. hinzugezogen werden.

So hat etwa Isep (2014) drei Paare mehrere Monate ethnografisch beobachtet, Videoaufzeichnungen erstellt und die Paare erstellen lassen, Paarinterviews und Gespräche geführt sowie Fotos, welche die Paare zur Verfügung gestellt haben, analysiert. Von Sichart (2016) hat Paarinterviews und Paarfotos aus guten und krisenhaften Zeiten (siehe 3.3) trianguliert. Die Analyse von Fotos, Bildern und Videomaterial wird in der Familienforschung und den Erziehungswissenschaften mittlerweile durchaus angewendet. Die Bild- und Filmanalyse sind auch mittlerweile Gegenstand sozialwissenschaftlicher methodologischer Erörterungen (stellvertretend etwa Burkart/Meyer 2016 und Bohnsack/Michel/Przyborski 2015, Bohnsack/Fritzsche/Wagner-Willi 2015 sowie Bohnsack 2011, der hier die Bildinterpretation von Familienfotos in Kombination mit der Analyse von Tischgesprächen und Gruppendiskussionen in Familien mittels der Dokumentarischen Methode exemplarisch veranschaulicht; weiter etwa Knoblauch/Baer/Laurier/Petschke/ Schnettler 2008 oder Tuma/Schnettler/Knoblauch 2013) – in der Paarforschung ist dies jedoch (noch) kaum der Fall.

Schließlich sind neben der ‚einfachen' Beobachtung der Befragten und ihres räumlichen Umfeldes während der Interviewsituation weitergehende Ethnografien aufschlussreich (so etwa Breidenstein/Hirschauer/Kalthoff/Nieswand 2013, Kauf-

---

42 So etwa Stephan Trinkaus, der – allerdings nicht aus einer Paarperspektive, sondern individualzentriert – in sechs Gruppenwerkstätten u. a. Collagen anfertigen ließ von 1-Euro-Jobbern, einer Anti-Hartz IV-Gruppe und einer schwul-lesbischen Gruppe im ländlichen Raum Brandenburgs (Egert/Hagen/Powalla/Trinkaus 2010).

mann 1994, 1999b, Hirschauer et al. 2014, 2015, Isep 2014, Schadler 2013). Eine grundsätzliche Stärke von Ethnografien gegenüber dem Einsatz von narrativen und biographischen Interviews in der Paarforschung besteht darin, dass durch Beobachtungen auch nicht-sprachliche Praktiken Beachtung finden können. Für die Paarforschung ist dies erkenntnisreich, stellen doch etwa gerade Affekte und Emotionen in Paarbeziehungen zentrale Momente dar, die sich nur begrenzt über sprachliches Material rekonstruieren lassen. Gleiches gilt für Aspekte der Körper- und Leiblichkeit von Paaren und in Paarbeziehungen. Allerdings ist zu bedenken, dass Beobachtungen wiederum spezifischen Beschränkungen unterliegen. Es kann nicht davon ausgegangen werden, dass sich Paare im Privatraum offen beobachten lassen möchten. Verdeckte Beobachtungen sind weder in der Küche noch im Schlafzimmer gut denkbar und zudem in vielen Fällen ethisch nicht vertretbar (siehe oben). Zu bedenken ist zudem, dass auch bei offenen teilnehmenden Beobachtungen Konflikte oft verdeckt werden. Diese Einwände gegen Beobachtungen im Privaten sprechen aber nicht grundsätzlich gegen die Möglichkeit ethnografischen Forschens über Paare, es stellt sich jedoch die Frage, an welchen Orten Paarbeziehungen beobachtet werden können. Hirschauer et al. (2015) schlagen drei Zugänge vor: Erstens sind teilnehmende Beobachtungen möglich, wenn Paare in der Öffentlichkeit als Paare auftreten, wie etwa bei Elternsprechtagen oder Geburtsvorbereitungskursen. Zweitens können Paare gebeten werden, Dokumente zu erstellen oder zur Verfügung zu stellen, wie etwa erwähnte Schwangerschaftstagebücher, private Videoaufnahmen oder Fotoalben. Drittens bilden Gespräche, ob als Einzel- oder Paarinterview, Beobachtungsgelegenheiten (Hirschauer et al. 2014, 2015, Schadler 2013, Stempfhuber 2012).

Insgesamt sind die Möglichkeiten der Ergänzung und einer Methoden- und Datentriangulation hier weit. Allerdings existieren nur vereinzelt Ausführungen zu Daten- und Methodentriangulationen von Paarinterviews durch Tagebücher, Lebenslauftabellen, Fotos, erstellten Collagen, Videoaufzeichnungen etc.; erste Überlegungen liegen vor zu Fotos (von Sichart 2016) und teilnehmenden Beobachtungen (Hirschauer et al. 2015). Eine diesbezügliche methodologische und methodische Systematisierung steht damit weiterhin aus. Zudem sind noch lange nicht alle denkbaren und erkenntnisgenerierenden Möglichkeiten der Datengewinnung ausgeschöpft; etwa könnten kulturwissenschaftlich informiert Paarperformances erhoben werden und vieles andere mehr. Nicht nur für eine Systematisierung, sondern auch für kreative Methodeninnovationen besteht damit noch großer (Forschungs-)Bedarf, worauf wir im abschließenden Kapitel zurückkommen werden.

6 Methodologische Reflexion und offene Forschungsfragen

In diesem abschließenden Kapitel möchten wir eine kurze Methodenkritik und einen Ausblick anstellen. Hierzu legen wir nochmals Grenzen in methodologischer Hinsicht, die sich besonders für Paarinterviews ergeben, knapp dar. Einiges hiervon wurde bereits erwähnt, anderes nicht, so dass manches zusammengefasst, anderes näher erläutert wird. Dabei gehen wir auch auf methodologische Herausforderungen ein und schließen den Bogen zu den besonderen Stärken des Paarinterviews. Zuletzt zeigen wir eine – sicherlich unvollständige – Reihe an offenen Fragen für zukünftige Forschungen auf.

6.1 Narrationstheoretische Grenzen und offene Fragen

Wie wir oben dargelegt haben, ist eine häufig verwendete und gegenstandsangemessene Art von Paarinterviews das narrative (teil-)paarbiographische Interview. Bedient man sich dieser Art von Interview, handelt man sich allerdings neben den genannten Vorteilen auch die damit verbundenen *generellen erzähltheoretischen Grenzen und Herausforderungen* ein. Da diese in zahlreichen Schriften zum (biographisch) narrativen (Einzel-)Interview breit behandelt werden, beschäftigen wir uns hier nur knapp damit.

Bekanntermaßen sind Erzählkompetenzen nicht gleich verteilt, sondern unterscheiden sich etwa nach Schicht oder Milieu (vgl. hierzu bspw. Küsters 2009: 30f.) sowie nach Sprachgemeinschaftszugehörigkeit. Auch werden Menschen und Personengruppen, die der Sprache des Interviews nicht mächtig oder in ihr nicht ausreichend kompetent sind, aus forschungspraktischen Gründen häufig leider noch exkludiert (siehe 4.3.2). Dazu bestehen auch inhaltliche Grenzen mit Blick auf das interessierende Phänomen: Narrative Interviews können nur verwendet werden, wenn die soziale Erscheinung (zumindest partiell) Prozesscharakter hat und wenn dieser Prozesscharakter den Informanten auch vor Augen steht (Schütze 1987: 243) – recht frei übersetzt: es muss sich um eine (den Befragten bewusste) ‚Geschichte' handeln.

In Paarinterviews kommt hinzu, dass „sich ‚Zugzwänge des Erzählens' nicht in derselben ausgeprägten Weise wie beim Einzelinterview" (Przyborski/Wohlrab-Sahr 2014: 117) ergeben. Solche Zugzwänge würden sich nach Przyborski und Wohlrab-Sahr (ebd.: 82f.) mehr bei solchen Gegebenheiten entfalten, die mit Blick auf das gemeinsame Erleben des Paares von Relevanz sind. Auch ist es möglich, dass in Einzel- wie in Paarinterviews die Zugzwänge des Erzählens nicht wirksam werden, beispielsweise im Falle einer psychotherapeutischen Erfahrung der Interviewten oder wenn sie über besonders ausgeprägte Kompetenzen hinsichtlich ihrer Selbstdarstellung und -präsentation verfügen (vgl. Küsters 2009: 31f.).

Ein in der Methodendiskussion umstrittener Punkt ist die Homologieannahme, also die Annahme, das von den Befragten Erlebte und das von ihnen Erzählte entsprächen sich (kritisch etwa Nassehi 1994: 57, Nassehi/Saake 2002: 70). Hier ist allerdings zu beachten, dass sich nach Schütze die Homologieannahme nicht auf die Übereinstimmung eines faktischen Ereignisses mit dem Erzählten erstreckt, sondern, wie auch Gabriele Rosenthal ausführt, nur auf die Homologie zwischen den „Strukturen der Erfahrungsaufschichtung mit denen des Erzählaufbaus" (Rosenthal 1995: 17). Es ist bis dato ungeklärt, ob und inwiefern diese Homologieannahme in der von Schütze explizierten Form entsprechend auch für Paarinterviews gilt und gelten kann. Offen ist bei Paarinterviews insbesondere und über die Kritikpunkte in der oben genannten Diskussion über narrative Einzelinterviews hinausgehend, ob und wie eine kollektive ‚Erfahrungsaufschichtung' des Paares aus methodologischer Sicht existieren kann. Mit anderen Worten ist, wie oben dargelegt, offen, ob es eine kollektive ‚Paarbiographie' geben kann. Einzig Behnke und Meuser beschäftigen sich diesbezüglich explizit mit Paarinterviews und konstatieren speziell dort die in Kapitel 2.2.2.3 bereits erwähnte besondere Homologie als „deutliche Entsprechungen zwischen der Praxis der Darstellung und der dargestellten Praxis" (Behnke/Meuser 2013: 78). Auch deren Gültigkeit ist, wie oben ausgeführt, in einer allgemeingültigen Form umstritten und aus unserer Sicht nicht uneingeschränkt zutreffend, wenngleich sehr häufig eine solche Homologie der Fall sein mag. Weiteren Forschungsbedarf hierzu benennen wir in Kapitel 6.4.

6.2 Dem Interview inhärente Selektionen und Begrenzungen

Wie oben dargelegt, sind Interviewdaten verschiedene Selektionen inhärent. Dies ist zum einen eine generelle Selektivität des Samples, welche bei Paarinterviews im Vergleich zu Einzelinterviews nochmals ausgeprägter ausfallen kann und daher zu reflektieren ist. Zum anderen kommen verschiedene Ausschlüsse hinzu, welche in der grundlegenden Sprachlichkeit von Interviews begründet sind: Interviews können *erstens* keine *nonverbalen Äußerungen* erfassen wie Emotionen, Gesten, Blicke und all die weiter oben aufgeführten Aspekte. Beobachtungsprotokolle können dies nur ansatzweise ausgleichen, ergänzende Videoaufzeichnungen werden zwar eingefordert (etwa Deppermann 2013) und könnten hier weiterführen, stellen aber eine zusätzliche Intervention dar und sind oft nicht praktikabel. Daneben sind die Erzählenden, das Erzählen und das Erzählte selbst Quelle möglicher Selektionen, was im Vergleich zum Einzelinterview dadurch noch gesteigert wird, als es im Paarinterview *zwei* Erzählende gibt.

Hieraus ergeben sich zwei weitere Punkte: So können in Paarinterviews – wie in Interviews generell – *bestimmte Wissensformen* und *Unsagbares* teilweise nicht oder nur schwer erfasst werden, insbesondere sehr sedimentiertes vor- oder unbewusstes Wissen sowie sehr tief liegende persönliche oder sogenannte kulturelle Gewissheiten und Selbstverständlichkeiten, die nicht oder kaum reflexiv abrufbar oder artikulierbar sind. Andererseits zielt etwa die Tiefenhermeneutik (u. a. König 2001) oder die Objektive Hermeneutik (u. a. Oevermann et al. 1979, Wernet 2000) gerade auf die Analyse latenter Sinngehalte der sozialen Praxis. Auch können im Paarinterview, da sich hier die oben genannten besonderen Erzähldynamiken ergeben, implizites Wissen, etwa Konsensfiktionen, sowie Aspekte des praktischen Bewusstseins (Giddens 1984) sehr wohl – und besser als im Einzelinterview – erhoben werden.[43]

---

43 Hierzu ein letztes Beispiel: So wurde in einem von Stefanie Aunkofer im Rahmen ihrer von uns betreuten Master-Arbeit geführten Interview mit einem homosexuellen, binationalen Paar beides deutlich: Für den in Deutschland geborenen Partner war es aufgrund einer tief verankerten kulturellen Selbstverständlichkeit die längste Zeit seines Lebens – wie er später erzählte – undenkbar und unsagbar, Kinder zu haben. Erst die Paarwerdung mit seinem aus den USA stammenden Partner, für den eine homosexuelle Familiengründung ‚normal' war und ist, führte zur Bewusstwerdung des angesprochenen Phänomens. Ähnliches berichtete Julia Teschlade über von ihr geführte Interviews mit binationalen homosexuellen Männer*paaren, die eine Familie gegründet haben oder gründen möchten.

Weiter fällt alles weg, was *nicht gesagt wird*. Jede Erzählung ist immer und unabdingbar eine Auswahl. Verdeutlicht sei dies an der Lebensgeschichte, die in einem biographischen Interview erzählt wird und die sich – wie viele Geschichten – unter anderem durch eine Differenz zwischen erzählter Zeit und Erzählzeit kennzeichnet. Die befragte Person wird in ihrer Erzählung nicht ihre vollständige Lebensgeschichte erzählen, sondern eine Auswahl treffen, einiges erwähnen, ausführen, betonen und anderes nicht und sich auf eine bestimmte Art und Weise vor den Interviewenden darstellen. Wie schon erwähnt, ist dies im Paarinterview auf der einen Seite in der Regel noch ausgeprägter, ist doch hier das Paar aufgefordert, sich als Paar zu präsentieren – was es in den meisten Fällen auch doppelt macht: Es präsentiert sich einzeln und gemeinsam vor den Interviewenden und vor dem je anderen Teil des Paares. Bei dieser doppelten Selbst- bzw. Paardarstellung steigt die Möglichkeit, bestimmte Dinge nicht anzusprechen, denn zu den Dingen, welche die Einzelnen gegenüber den Interviewenden schon in einem Einzelinterview nicht erwähnen würden, kommen Dinge hinzu, welche die Partner*innen voreinander und/oder vor den Interviewenden nicht thematisieren. Dies ist auch einer der zentralen Gründe dafür, warum Konflikte im Paarinterview weniger offen oder nicht thematisiert werden. Auf der anderen Seite ist die Paarsituation auch eine mögliche Ursache dafür, dass in einem Paarinterview eventuell mehr Dinge angesprochen und präsentiert werden als in Einzelinterviews: Da zwei Befragte anwesend sind, kann eine*r der beiden Aspekte thematisieren, die der*die andere in einem getrennten Interview oder im Paarinterview oder in beiden nicht von sich aus angesprochen hätte.

6.3 Fazit: Das Paarinterview als ‚Fenster' zur dargestellten Paarpraxis und intersubjektiven ‚Paarwirklichkeit'

In den beiden vorangegangenen Teilkapiteln haben wir nun einige Grenzen und Herausforderungen aufgezeigt, die sich im (narrativen) Interview und noch ausgeprägter im Paarinterview stellen. In Kapitel 2.2.4 haben wir zudem ausgeführt, dass als zentrale Schwachstelle des Paarinterviews meist genannt wird, es könne Konflikte im Paar nicht gut erfassen beziehungsweise es führe oftmals zu einer Selektion mit Blick auf konflikthafte Paare. In diesem Teilkapitel möchten wir nochmals zusammenfassend darauf zurückkommen, was das Paarinterview nicht leisten kann – und was sein Potential ist (ausführlich Kapitel 2).

Wenden wir uns daher zunächst nochmals den verschiedenen Selektionen im Paarinterview zu. Diesbezüglich kommen Hirschauer et al. (2015: 61) zu dem

6.3 Fazit

Schluss: „Entsprechende Vorsicht empfiehlt sich, falls irgendjemand wissen möchte, was ‚wirklich' geschah". Diese Vorsicht würden wir auf der einen Seite ebenfalls walten lassen. Auf der anderen Seite würden die meisten Forscher*innen, die sich dem interpretativen Paradigma verschreiben, *nicht* davon ausgehen, dass eine ‚objektive' Wirklichkeit existiere, und sie würden *nicht* das Erkenntnisinteresse verfolgen, wissen zu wollen, „was ‚wirklich' geschah" (Hirschauer et al. 2015: 61).

Geht man von der sozialen Konstruktion der Wirklichkeit aus und nimmt den subjektiven Sinn und die subjektiven Deutungen der Handelnden sowie die intersubjektive Herstellung der Wirklichkeit als Ausgangspunkt, so ist das Ziel einer solchen interpretativ-rekonstruktiven Sozialforschung der Versuch, eben diese – gesellschaftlich vermittelten – subjektiven Realitätskonstruktionen nachzuvollziehen. Liegt der Fokus des Forschungsinteresses hierbei auf Paaren, so ist das Ziel entsprechend der Versuch, die intersubjektiv konstituierte Paarwirklichkeit nachzuvollziehen und zu rekonstruieren. Mittels Paarinterviews kann hiernach wohl kaum einer ‚objektiv' gegebenen Realität der Paare nachgespürt werden:

Zum einen ist dies mit der Negation einer objektiv existierenden Realität allemal nicht möglich, sondern es geht um die je (inter-)subjektiven Sichtweisen. Zum anderen ist die Frage nach der Einheitskonstitution des Paares nach wie vor nicht geklärt, also inwiefern das Paar eine eigenständige Realität *sui generis* sein kann und als ein eigenständiger kollektiver Akteur zu verstehen ist. Paare sind sicherlich mehr und von anderer Qualität als die bloße Addition ihrer Bestandteile, jedoch ist es theoretisch wie empirisch nicht abschließend beantwortet, ob und wenn ja, wie die Partner*innen gemeinsam eine geteilte Realität herstellen oder ob im Paar zwei solcher ‚subjektiver Wirklichkeiten' existieren (können).

Nach Spura (2014), die hierbei auf Dausien (1996) rekurriert, ist eine im Paar geteilte und reziproke Perspektivenübernahme die Voraussetzung für die Genese und für den Bestand des Paares als eine emergente Ordnung. Eine solche wechselseitige Perspektivenübernahme müssen aber die Partner*innen in einem dynamischen und interaktiven Prozess permanent neu herstellen – und sie wird nicht nur durch die Notwendigkeit im Paar, zwei eventuell unterschiedliche individuelle Sichtweisen in eine geteilte zu integrieren, herausgefordert und womöglich bedroht. Einmal existieren paarinterne Integrationserfordernisse beispielsweise aufgrund von unterschiedlichen Wünschen nach bzw. Anforderungen von Individualisierung und individueller Selbstverwirklichung oder Karriereaspirationen. Hinzu kommen paarexterne Anforderungen wie schlechte Vereinbarkeitsbedingungen, Schicksalsschläge sowie gesellschaftliche Verweisungszusammenhänge wie erwerbsarbeitsbedingte Leistungsanforderungen, Arbeitsmarktzwänge, Prekarisierungsprozesse, Optimierungsdiskurse oder ökonomische Verwertungsimperative und vieles andere mehr.

Es lässt sich also begründet vermuten, dass die gemeinsame ‚Paarwirklichkeit' eine mehr oder weniger große und durchaus fragile Annäherung im Paar an eine gemeinsame Wirklichkeits- und Sinnschaffungsinstanz darstellt. Heute finden sich Paare aufgrund vielfältiger Verweisungszusammenhänge jenseits der Paarbeziehung womöglich ausgeprägter als je zuvor der Aufgabe gegenübergestellt, zumindest ansatzweise eine geteilte Sicht auf die Welt zu schaffen. Ob die Paare eine gemeinsame Weltsicht im Paarinterview interaktiv und intersubjektiv herstellen möchten, ob sie dies in der dargestellten Paarpraxis anstreben, wie beides geschieht und ob die Paare dies vermögen, inwiefern hierbei Differenzen deutlich werden, wie diese im Paar prozessiert werden und schließlich, welche Geschlechterverhältnisse, Machtverhältnisse und Ungleichheiten sich dabei rekonstruieren lassen – all diese Fragen kann das gemeinsame Paarinterview adressieren. Es bietet damit kein Abbild einer wie auch immer gearteten ‚objektiven Wirklichkeit', sondern es eröffnet „ein ‚Fenster' auf die alltäglichen Kommunikations- und Interaktionsmuster des Paares" und auf die „von den Paaren ‚auf ihren Alltag bezogene' Darstellung ihrer Paarwirklichkeit" (Schneider et al. 2004: 19). Damit bietet es einen ausschnitthaften Einblick in die intersubjektiv konstituierte ‚Paarrealität'. Das Paarinterview leistet nicht mehr, aber auch nicht weniger – und mehr als manch andere Erhebungsform.

6.4 Weitere offene Fragen und Forschungsdesiderata

Zuletzt möchten wir ausgewählte weitere ungeklärte methodologische und methodische Fragen und Forschungsdesiderata mit Blick auf Paarinterviews im interpretativen Paradigma aufzeigen. Generell stellt das Paarinterview als solches eine große Forschungslücke dar. Wie eingangs erwähnt, existieren nur wenige systematische deutschsprachige methodische und methodologische Artikel hierzu, in den Methoden-Lehrbüchern ist mit wenigen Ausnahmen (Kruse 2015, Przyborski/Wohlrab-Sahr 2014) nichts über Paarinterviews zu lesen. Empirische Studien, in denen Paarinterviews geführt wurden, beinhalten meist keine weiterführenden methodologischen Hinweise und in fast keiner Studie werden offene methodologische Fragen vorgestellt. Ebenso mangelt es an Werken mit methodenpraktischen Hinweisen. Existierende einführende Lehrbücher oder methodenpraktische Bücher lassen sich teilweise heranziehen, jedoch beschäftigen sie sich nicht mit den Besonderheiten von Paarinterviews, weshalb es noch viel zu tun gibt.

6.4.1 Erforschung der Interaktion im Paarinterview

Deppermann bricht, wie erwähnt, eine Lanze dafür, das (Einzel-)Interview nicht (nur) als Text, sondern als Interaktion und als „situierte Praxis" (Deppermann 2013) zu fassen. Er fordert entsprechend, „die interaktive Konstitutionsweise von Interviews empirisch zu erforschen und methodisch konsequent zu berücksichtigen" (ebd.) und dies „als eigenständiges Untersuchungsfeld der qualitativen Sozialforschung" (ebd.: 61) zu institutionalisieren. Zwar bezieht er sich hierbei auf die Interaktion zwischen Interviewten und Interviewenden, jedoch lassen sich seine Ausführungen auf Paarinterviews und auf die dort stattfindenden Interaktionen nicht nur zwischen den Befragten und den Interviewenden, sondern auch *zwischen* den befragten Partner*innen selbst ausweiten. Entsprechend ist also zusätzlich die *paar*-interaktive Konstitutionsweise des Paarinterviews empirisch weiter zu erforschen und methodisch wie methodologisch konsequent zu berücksichtigen – nicht zuletzt, weil es im deutschsprachigen Raum „an interaktionsanalytischen Forschungen zum Interview" (ebd.: 27) mangelt.

6.4.2 Durchführung von Paarinterviews

Wendet man sich der konkreten Durchführung von Paarinterviews zu, so hat auch diesbezüglich Deppermanns – mit Blick auf Einzelinterviews getroffene – Feststellung Gültigkeit: „Empfehlungen zur Interviewführung, zur Konstruktion von Fragen und Interviewleitfäden sowie entsprechende Schulungen" (ebd.: 28) seien kaum in empirischen Forschungen als vielmehr in Forschungsnotizen und Erfahrungen der Praktiker*innen begründet. Es mangelt damit, angelehnt an Deppermann, an systematischen Forschungen zur Konstruktion von Leitfadenfragen, zu „Strategien der Frageformulierung und -aushandlung, der Antwortaushandlung und der Selbst- und Fremdpositionierung von InterviewerInnen und Befragten" (ebd.: 61). All dies muss systematisch erforscht werden.

Nicht ausreichend untersucht ist auch die oben genannte Frage, wie sich das Interviewenden-Team zusammensetzen soll, wenn mehrere Personen das Interview führen, und welche Interviewendeneffekte sich generell und je nach Zusammensetzung zeigen können, etwa mit Blick auf Geschlecht, Gemeinsamkeiten, habituelle oder anderweitige Nähe oder Distanz zwischen Interviewten und Interviewenden und anderes mehr.

Ebenso liegen kaum systematische Forschungen zur zeitlichen Abfolge von Paar- und Einzelinterviews vor, wenn das gewählte Design eine Kombination beider vorsieht. Hier wäre etwa zu untersuchen, ob bei spezifischen Fragestellungen, beispielsweise bei tabuisierten Themen, intimen Fragen oder konfliktträchtigen Aspekten und Paaren, besser zuerst Einzelinterviews und dann Paarinterviews oder umgekehrt geführt werden sollten oder sich Paarinterviews womöglich bisweilen gar nicht eignen. Gleiches gilt für bestimmte, weniger diskursive Paarmilieus oder Paarbeziehungskonzepte. Womöglich sind in manchen Fällen Einzelinterviews geeigneter oder völlig andere Erhebungsmethoden erforderlich, weil vielleicht im (gemeinsamen) Interview spezifische Themen nicht angesprochen werden.

Ebenso fehlen Forschungen (und praktische Hinweise) dazu, wie im Interview mit heiklen oder tabuisierten Themen umzugehen ist und mit möglichen Krisen und Konflikten (ähnlich ebd.: 61). Gerade das Paarinterview ist in bestimmten Hinsichten anfälliger für eine Umgehung oder Tabuisierung von bestimmten, womöglich zwischen den Partner*innen strittigen Themen und Ansichten, und es kann in einzelnen Fällen auch zu Interaktionsirritationen oder Konflikten zwischen den Partner*innen kommen – und auch zwischen den Partner*innen oder einem*r davon und den Interviewenden. Hierzu existieren nahezu keine Forschungen.

6.4.3 Auswertung von Paarinterviews

Auch hier kann Deppermann zitiert werden: „Die Auswertung von Interviewdaten im Rahmen von Forschungsprojekten muss deren Konstitutionsweise Rechnung tragen. Dies tut sie, wenn ForscherInnen Interviewaussagen nicht als subjektive Äußerungen im luftleeren Raum, sondern als responsive Momente in einem sequenziell sozialen Prozess analysieren" (ebd.: 61). Im Zentrum der Auswertung muss also – neben den Inhalten – die Interaktion und ihre Sequentialität stehen und methodisch angemessen erfasst und ausgewertet werden. Die Methode muss also geeignet sein, die Interaktionen und Aushandlungen zwischen den Partner*innen und die Paarperformanz systematisch zu analysieren. Wie oben dargestellt, gibt es hierzu nicht eine einzige Methode. Es mangelt bisher aber noch an Forschungen dazu, wie die herangezogenen, oft unterschiedlichen Auswertungsmethoden systematisch miteinander kombiniert und integriert werden können.

Ein weiteres methodisches und methodologisches Forschungsdesiderat ist die Frage, wie mit unterschiedlichen und womöglich widersprüchlichen Aussagen umzugehen ist, etwa wenn Paar- und Einzelinterviews geführt werden und hier Inkongruenzen auftauchen.

6.4.4 Datentriangulierung

Ein großes Forschungsfeld ist auch die Triangulation des Paarinterviews mit weiteren Daten. Dies bezieht sich zum einen auf die Integration von standardisierten und nichtstandardisierten Paar- und Partner*innen-Daten im Sinne der *Mixed Methods*, wozu es nach unserem Wissen keine Ausführungen gibt. Zum anderen fehlen, wie in Kapitel 5.2 benannt, Forschungen zur Daten- und Methodentriangulation von nichtstandardisierten Daten wie Lebenslauftabellen, Tagebüchern, selbst erstellten Fotos, Videos, Collagen, Bildern und anderes mehr (als Ausnahmen: Isep 2014, von Sichart 2016). Immerhin zur teilnehmenden Beobachtung von Paaren existieren einige Ausführungen (etwa Hirschauer et al. 2015). Ebenso wäre es gewinnbringend, paarbezogene Erhebungsinstrumente, die mit grafischen, bildlichen oder anderweitigen Ergänzungen arbeiten, weiterzuentwickeln. Der Entwicklung und Systematisierung einer kreativen und gegenstandsangemessenen Daten- und Methodentriangulation von Paarinterviews stehen also noch viele ungenutzte Möglichkeiten offen.

6.4.5 Zeitlichkeit und Paneluntersuchungen

Ein weiterer erforschungswerter Aspekt ist die Zeitlichkeit von Paardynamiken, mit der wir uns in dem vorliegenden Buch kaum beschäftigt haben. Nicht nur Interaktionsdynamiken im Paarinterview sind aufschlussreich, sondern ebenso Dynamiken über den Paarverlauf. Gerade die oben genannten Forschungen zu Übergangsphasen sind eine zentrale inhaltliche Säule der Paarforschung, wirken sich doch Transitionen wie die Geburt eines Kindes, der Übergang in den Ruhestand, berufliche Wechsel etc. in der Regel mehr oder weniger deutlich auf die jeweiligen Paararrangements aus. Für die Erfassung dieser zeitlichen Dynamiken *in situ* wären Wiederholungsbefragungen der Paare als echtes Panel (Mehrfachbefragung der gleichen Paare) die angemessenste Methode. Allerdings werden nichtstandardisierte Paar-Panels sehr selten durchgeführt, nicht zuletzt, weil sie äußerst aufwendig sind. Zwei Ausnahmen sind Ruiner (2010) (siehe Kapitel 3) und Bürgisser (2017)[44]. Entsprechend ihres geringen Vorkommens sind qualitative Paar-Panels ebenso selten unter methodologischen und methodischen Aspekten erforscht.

---

44 Margret Bürgisser (ebd.) befragte 1994, 2004 und 2015 28 schweizer Elternpaare, die ein egalitäres Rollenmodell verfolgten, unter anderem nach ihrer Bewertung ihrer partnerschaftlichen Arbeitsteilung. 24 Paare wurden auch in der letzten Welle 2015 gemeinsam befragt; die Partner*innen von vier inzwischen getrennten Paaren wurden separat interviewt. Zudem führte Bürgisser 2016 eine Online-Befragung der Kinder durch.

6.4.6 Das Paar als kollektiver Akteur und die Existenz einer ‚Paar-Biographie'

Wie unter anderem in Kapitel 5.1 ausgeführt wurde, bedarf es auch weiterer theoretisch fundierter, empirisch begründeter Überlegungen, ob das Paar nicht nur als eine emergente, sondern auch als eine *kollektive Einheit* gefasst werden kann oder nicht. Also: Ist das Paar als ein kollektiver Akteur mitsamt einer gemeinsamen ‚Paar-Biographie' zu verstehen oder kann es immer nur eine gewisse Perspektivenüberschneidung geben? Hier schließt sich an die Arbeit von Spura (2014) der Bedarf nach weitergehenden Untersuchungen an, unter welchen Bedingungen und mittels welcher Synchronisationsleistungen eine solche (partielle) Übereinstimmung hergestellt wird und unter welchen dies scheitert. Damit sind auch die Bedingungen, Erscheinungsformen, Grenzen und methodologischen Implikationen einer kollektiven Erfahrungsaufschichtung noch nicht ausreichend erhellt.

6.4.7 Homologieannahme/n

Wie ebenfalls in Kapitel 5.1 und an früheren Stellen dargelegt, sind die Gültigkeitsreichweite der biographietheoretischen Homologieannahme und – hier besonders interessant – der paarinterviewspezifischen Homologieannahme von Behnke und Meuser zwischen der Praxis der Darstellung und der dargestellten Praxis umstritten. Hinsichtlich der erstgenannten Homologie sind unter anderem wiederum methodologische Fragen nach dem Status einer paarkollektiven Erfahrungsaufschichtung bedeutsam. Bezüglich der letztgenannten Homologieannahme wäre weiter zu erforschen, unter welchen Bedingungen – etwa mit Blick auf die Sprecher*innen und ihre jeweiligen (Selbstdarstellungs-)Kompetenzen und -interessen, auf das Erzählte (etwa kollektives Paarerleben oder individuelles Erleben, tabuisierte Inhalte), auf Machtdifferentiale im Paar und vieles andere mehr – von einer so gefassten Homologie ausgegangen werden kann und unter welchen nicht.

6.4.8 Übertragbarkeit des Paarinterviews auf weitere Beziehungsformen

Als letzter Punkt stellt sich die bisher nicht ausreichend geklärte Frage, inwiefern das Paarinterview, seine Stärken und all die hier angestellten Überlegungen auf weitere Zweierbeziehungen übertragbar sind, nachdem es im Prinzip bisher vor-

6.4 Weitere offene Fragen und Forschungsdesiderata

wiegend für wie auch immer geartete ‚Liebespaare' Anwendung findet.[45] Fraglos spielt die sexuelle Orientierung der Paare keine Rolle, auch wenn bisher homo-, bi-, asexuelle und *queere* Paare empirisch nur selten erforscht wurden und dies eine große inhaltliche Lücke darstellt.[46] Wie steht es aber mit der methodologischen und methodischen Übertragbarkeit des Paarinterviews auf *andere dyadische Formen*? Hier wären einmal theoretisch egalitäre, symmetrische Paare wie Freundschafts-Paare, Geschwister-Paare, Kolleg*innen-Paare oder Sportler*innen-Paare zu nennen. Weiter ist an theoretisch nicht egalitäre und asymmetrische Paar-Konstellationen zu denken wie Eltern-Kind-Dyaden in Alleinerziehenden-Haushalten (etwa Wilson et al. 2016), Vorgesetzte-Mitarbeiter*in, Pflegebedürftige-Pfleger*in, Arzt/Ärztin-Patient*in, Organspender*in-Organspendeempfänger*in, Arbeitsvermittler*in-SGB-I/II-Empfänger*in, Verkäufer*in-Kund*in und viele andere mehr.

Einige der zentralen Stärken des Paarinterviews lassen sich direkt auf andere dyadische Formen übertragen, etwa dass Interaktionen und Aushandlungen damit sehr gut erfasst werden können – und dies ist auch, was Morgan (2016) als eine Stärke des sogenannten Dyadischen Interviews (vgl. 2.2.2.3) fasst. Bei anderen Aspekten ist eine Übertragbarkeit mehr oder weniger möglich, da sich aus identitäts- wie institutionentheoretischen Perspektiven Unterschiede zwischen (Liebes-)Paarbeziehungen und anderen Dyaden ergeben. Der entscheidende Punkt liegt unseres Erachtens in der theoretischen Möglichkeit und dem empirischen Vorhandensein einer *gemeinsamen Wirklichkeitskonstitution*. Wo immer theoretisch oder empirisch begründet anzunehmen ist, dass so etwas wie eine gemeinsame Wirklichkeitskon-

---

45 Damit stellt sich zugleich die Frage, welche Gemeinsamkeiten und Unterschiede das hier vorgestellte Paarinterview mit und zu dem in Kapitel 2.2.2.3 genannten Dyadischen Interview (Morgan et al. 2013, Morgan 2016) bzw. dem Paired Depth Interview (Wilson et al. 2016) aufweist. Wie oben dargelegt, können jene Interviews aus Paarbeziehungen, aus einander bekannten, aber auch aus zwei einander unbekannten Personen bestehen. Sowohl Morgan et al. (2013: 1281) als auch Wilson et al. (2016: 1559ff.) konstatieren hier weiteren Forschungsbedarf.

46 Wenngleich wir uns nicht systematisch den inhaltlichen Fragen der deutschsprachigen Paarforschung widmen können, sei hier zumindest erwähnt, dass beispielsweise unterforscht ist, wie Paare und auch Familienformen jenseits der heterosexuellen Norm Kinderwünsche und Fragen der Reproduktion prozessieren, welche Elternschaftskonzepte sie aufweisen, welche rechtlichen und alltäglichen Diskriminierungserfahrungen sie erleben und welche Hausarbeitsteilungsarrangements, Männlichkeits- und Weiblichkeitskonzepte sowie Geschlechterverhältnisse sich bei diesen paarförmigen und über die Dyade hinausreichenden Sorgegemeinschaften rekonstruieren lassen. Einige dieser Fragen werden wir ab 2018 gemeinsam mit Almut Peukert in dem von der DFG finanzierten Projekt „Ambivalente Anerkennungsordnung. *Doing reproduction* und *doing family* jenseits der heterosexuellen Normalfamilie" (WI2142/7-1, PE2612/2-1, MO3194/2-1) erforschen.

stitution und kollektive Erfahrungsaufschichtung existiert, kann eine gemeinsame Befragung gewinnbringend eingesetzt werden. Die Annahme einer gemeinsamen Wirklichkeitskonstitution ist bei den genannten weiteren ‚Paaren' sicher schwächer als bei ‚Liebespaaren': So kommt ‚Liebespaaren' ein hervorgehobener identitätstheoretischer Stellenwert zu, und auch institutionell sind Paarbeziehungen mit besonderer Bedeutung versehen, leben wir doch weiterhin in einer weitgehend paarnormativen Gesellschaft. Dennoch ist die Möglichkeit einer gemeinsamen Wirklichkeitskonstitution in den meisten Fällen vermutlich zumindest ansatzweise ebenfalls vorhanden, und dies nicht nur bei symmetrischen (wie Freundschafts-Paaren oder Arbeitszweierteams), sondern auch bei asymmetrischen wie Eltern-Kind. Sicherlich gibt es Abstufungen und die Dyade Verkäufer*in-Kund*in weist vermutlich recht wenig von einer gemeinsamen Weltsicht auf, kann aber gewinnbringend jedenfalls als Interaktionsstudie untersucht werden. In allen Fällen aber können Macht- und Ungleichheitsrelationen und ihre interaktive Konstitution analysiert werden, was gerade auch bei asymmetrischen Dyaden aufschlussreich ist.[47] Bei theoretisch asymmetrischen Dyaden sind allerdings Unterschiede und Ungleichheiten etwa hinsichtlich der Redeanteile und Rederechte anders zu interpretieren als bei symmetrischen.[48] All dies ist aber weitgehend unerforscht (vgl. auch Morgan et al. 2013: 1281, Wilson et al. 2016: 1559ff.). Festzuhalten ist daher: Grundsätzlich ist ein gemeinsames Interview für alle denkbaren Paarkonstellationen einsetzbar. Welche Erkenntnisse in weiteren als ‚Liebespaar'-Dyaden jeweils damit erzielt werden können, bedarf allerdings der genauen methodisch-methodologischen Reflexion, fundiert in identitätstheoretischen und institutionentheoretischen Überlegungen.

---

47 Hier weist Morgan (2016: 55f.) auf ethische Probleme hin, besonders, wenn die Befragten eine andauende Beziehung zueinander haben. Als offensichtliches Beispiel nennt er die asymmetrische Vorgesetzten-Mitarbeiter*in-Dyade, die für zumindest eine*n Befragte*n relativ bedrohliche Folgen haben könne (ebd.: 56). Daher empfiehlt Morgan, ein solches Interview allein aus ethischen Gründen am besten ganz zu vermeiden, abgesehen davon, dass es auch häufig eine schlechte Datenqualität produzieren würde (ebd.: 55). Hier teilen wir den Hinweis auf ethische Fragen, würden aber nicht generell Interviews mit asymmetrischen Dyaden ausschließen, da sie auch Vorteile haben (siehe etwa die folgende Fußnote). Vielmehr erscheinen uns hier weitere und besondere methodische und ethische Reflektionen erforderlich.

48 Interessant ist hier der Hinweis von Wilson et al. (2016: 1554), dass in den bereits genannten „Paired Depth Interviews" (Kapitel 2.2.2.3), die nicht notwendig auf eine Liebespaarbeziehung zielen, auch jenen Menschen eine Stimme verliehen werden kann, die ansonsten nicht gehört würden, etwa wenn ein*e Pfleger*in einer Person mit Behinderung im gemeinsamen Interview als deren Übersetzer*in oder Souffleur/Souffleuse fungiert.

6.4 Weitere offene Fragen und Forschungsdesiderata

Zuletzt ist auch die Frage, wie Beziehungsformen untersucht werden können, die *mehr* als zwei Individuen-in-Beziehungen umfassen, bisher nicht systematisch bearbeitet. Zunächst mangelt es an expliziten Ausführungen, die einen Vergleich von Paarinterviews mit Familieninterviews oder Gruppendiskussionen anstellen und gemeinsame und unterschiedliche Merkmalen fokussieren. Es wäre zu fragen, in welchen Aspekten das Paarinterview von Gruppendiskussionen lernen könnte, wo Grenzen der Übertragbarkeit und wo Unterschiede bestehen, zumal die methodische und methodologische Diskussion hinsichtlich Gruppendiskussionen bereits deutlich weiter fortgeschritten ist.

Weiter ist zu untersuchen, welche Gemeinsamkeiten mit und Unterschiede zu Paarbefragungen sich zeigen, wenn Individuen-in-Beziehungen mit drei oder mehr Personen gemeinsam befragt werden, etwa eine Freund*innengruppe, ein Arbeitsteam oder polyamoröse Beziehungen, um nur einige zu nennen. Hier fehlen, wie auch Morgan et al. (2013: 1282) und Morgan (2016: 88) konstatieren, mit Blick auf triadische Interviews Studien zu deren methodisch-methodologischen Besonderheiten und zu Abgrenzungen gegenüber und Gemeinsamkeiten mit dem Paarinterview und zu Fokusgruppen bzw. Gruppendiskussionen. Auch bedarf es tragfähiger analytischer Unterscheidungen von nicht liebespaarförmigen dyadischen und mehr als dyadischen Beziehungsformen sowie empirischer Untersuchungen derselben. Freundschaftsbeziehungen sind beispielsweise eine große inhaltliche Forschungslücke, ebenso die Beziehungen zwischen Arbeitskolleg*innen und auch die gesellschaftlich hoch aktuellen Beziehungen zwischen Pfleger*innen und zu Pflegenden.

Schließlich sind die *Relationierungen* zwischen den verschiedenen sozialen Nahbeziehungen auf der ‚Mikroebene' und weiteren gesellschaftlichen Kontexten auf der ‚Mesoebene', wie Arbeitsbedingungen oder organisationale Rahmenbedingungen, und auf der ‚Makroebene', wie rechtliche Regulierungen, ökonomische Zusammenhänge, gesellschaftliche Diskurse und Wissensbestände, noch nicht ausreichend analytisch erfasst. Entsprechend eines konsequenten methodologischen Relationalismus wäre es erforderlich, empirisch fundiert theoretisch zu analysieren, welche gesellschaftlichen Kontexte für die je spezifischen Beziehungen und für die jeweiligen Individuen-in-Beziehungen auf welche Weise und in welchem Ausmaß relevant sind, relevant gemacht werden und wie sich ihre Relationierungen gestalten. Hierbei wäre auch danach zu fragen, bei welchen soziologisch relevanten Phänomenen soziale Nahbeziehungen entscheidend sind und bei welchen andere Mechanismen relevanter sind – etwa bei der Konstitution und Reproduktion globaler oder transnationaler Ausschlüsse und sozialer Ungleichheiten zwischen den Geschlechtern und darüber hinaus.

6 Methodologische Reflexion und offene Forschungsfragen

Wir hoffen, mit dem vorliegenden Buch die theoretische und methodologische Diskussion zum Paarinterview weiter in Gang zu bringen, zu bereichern und zu den genannten sowie weiteren ausstehenden Forschungen anzuregen. Ebenso hoffen wir, mit dem Buch Paarforscher*innen und Praktiker*innen einige hilfreiche Hinweise für die Konzeption und Durchführung von Paarstudien geben zu können. Zu diesen Untersuchungen möchten wir gerne ermuntern, denn *last but not least* wünschen wir uns vielfältige Forschungen, damit zukünftig all die noch unerforschten inhaltlichen Fragen mit Blick auf Paarbeziehungen erhellt werden – oder zumindest einige davon. Die vielen inhaltlichen Leerstellen der Paarforschung können wir an dieser Stelle leider nicht ausführen. Dazu wäre mindestens ein weiteres, und in dem Fall ein sehr dickes, Buch erforderlich.

Literatur

Allan, Graham (1980): A Note on Interviewing Spouses Together. In: Journal of Marriage and the Family 42 (1), S. 205–210.

Allmendinger, Jutta, Wolfgang Ludwig-Mayerhofer, Nina von Stebut und Christine Wimbauer (2001): Gemeinsam leben, getrennt wirtschaften? Chancen und Grenzen der Individualisierung in Paarbeziehungen. In: Ulrich Beck und Wolfgang Bonß (Hrsg.): Die Modernisierung der Moderne. Frankfurt a. M.: Suhrkamp, S. 203–215.

Allmendinger, Jutta, Wolfgang Ludwig-Mayerhofer, Werner Schneider und Christine Wimbauer (2004): Eigenes Geld – Gemeinsames Leben. Zur Bedeutung von Geld in modernen Paarbeziehungen. In: Ulrich Beck und Christoph Lau (Hrsg.): Entgrenzung und Entscheidung. Was ist neu an der Theorie reflexiver Modernisierung? Frankfurt a. M.: Suhrkamp, S. 307–325.

Arksey, Hilary (1996): Collecting data through joint interviews. In: Social Research Update, Vol. Winter, Nr. 15. http://sru.soc.surrey.ac.uk/SRU15.html (Zugriff: 1. März 2017).

Bamberg, Michael (1997): Positioning between structure and performance. In: Journal of Narrative and Life History, 7 (1–4), S. 335–342.

Bamberg, Michael und Alexandra Georgakopoulou (2008): Small stories as a new perspective in narrative and identity analysis. In: Text & Talk, 28 (3), S. 377–396.

Bathmann, Nina, Dagmar Müller und Waltraud Cornelißen (2011): Karriere, Kinder, Krisen. Warum Karrieren von Frauen in Paarbeziehungen scheitern oder gelingen. In: Waltraud Cornelißen, Alessandra Rusconi und Ruth Becker (Hrsg.): Berufliche Karrieren von Frauen. Hürdenläufe in Partnerschaft und Arbeitswelt. Wiesbaden: VS, S. 105–149.

Bathmann, Nina, Waltraud Cornelißen und DagmarMüller (2013): Gemeinsam zum Erfolg? Berufliche Karrieren von Frauen in Paarbeziehungen. Wiesbaden: VS.

Beck-Gernsheim, Elisabeth (1980): Das halbierte Leben. Männerwelt Beruf – Frauenwelt Familie. Frankfurt a. M.: Fischer.

Becker-Schmidt, Regina, Ursula Brandes-Erlhoff, Mechthild Rumpf und Beate Schmidt (1983): Arbeitsleben – Lebensarbeit. Konflikte und Erfahrungen von Fabrikarbeiterinnen. Bonn: Neue Gesellschaft.

Behnke, Cornelia (2012): Partnerschaftliche Arrangements und väterliche Praxis in Ost- und Westdeutschland: Paare erzählen. Opladen: Barbara Budrich.

Behnke, Cornelia und Michael Meuser (2002): Zwei Karrieren, eine Familie – Vereinbarkeitsmanagement bei Doppelkarrierepaaren. Dortmund: Lehrstuhl Allgemeine Soziologie,

Universität Dortmund, Projekt Doppelkarrierepaare. (http://www.hitzler-soziologie.de/pdf/dcc_arb_bericht.pdf) (Zugriff 10. Dezember 2015).
Behnke, Cornelia und Michael Meuser (2003): Vereinbarkeitsmanagement. Die Herstellung von Gemeinschaft bei Doppelkarrierepaaren. In: Soziale Welt, 54 (2), S. 163–174.
Behnke, Cornelia und Michael Meuser (2005): Vereinbarkeitsmanagement. Zuständigkeiten und Karrierechancen bei Doppelkarrierepaaren. In: Heike Solga und Christine Wimbauer (Hrsg.): ‚Wenn zwei das Gleiche tun…' – Ideal und Realität sozialer (Un)Gleichheit in Dual Career Couples. Opladen: Barbara Budrich, S. 123–139.
Behnke, Cornelia und Michael Meuser (2013): „Aktive Vaterschaft". Geschlechterkonflikte und Männlichkeitsbilder in biographischen Paarinterviews. In: Peter Loos, Arnd-Michael Nohl, Aglaja Przyborski und Burkhard Schäffer (Hrsg.): Dokumentarische Methode. Grundlagen – Entwicklungen – Anwendungen. Opladen: Barbara Budrich, S. 75–91.
Behnke, Cornelia, Diana Lengersdorf und Michael Meuser (2013): Egalitätsansprüche vs. Selbstverständlichkeiten: Unterschiedliche Rahmungen väterlichen Engagements bei Paaren aus den westlichen und östlichen Bundesländern. In: Alessandra Rusconi, Christine Wimbauer, Mona Motakef, Beate Kortendiek und Peter A. Berger (Hrsg.): Paare und Ungleichheit(en). Eine Verhältnisbestimmung. GENDER (Sonderheft 2) Opladen: Barbara Budrich, S. 192–209.
Behrisch, Birgit (2014): „Ein Stück normale Beziehung". Zum Alltag mit Körperbehinderung in Paarbeziehungen. Bielefeld: transcript.
Berger, Peter L. und Hansfried Kellner (1965): Die Ehe und die Konstruktion der Wirklichkeit. Eine Abhandlung zur Mikrosoziologie des Wissens. In: Soziale Welt, 16 (3), S. 220–235.
Berger, Peter L. und Thomas Luckmann (1969 [1966]): Die gesellschaftliche Konstruktion der Wirklichkeit. Eine Theorie der Wissensgesellschaft. Frankfurt a. M.: Fischer.
Bergman, Manfred Max (Hrsg.) (2008): Advances in Mixed Methods Research. Theories and Applications. Los Angeles/London/New Delhi/Singapore/Washington DC: Sage.
Bethmann, Stephanie (2013): Liebe – eine soziologische Kritik der Zweisamkeit. Weinheim: Beltz Juventa.
Bjørnholt, Margunn und Gunhild Regland Farstad (2012): ‚Am I rambling?' On the advantages of interviewing couples together. In: Qualitative Research September 28, S. 1–17. (http://www.margunnbjornholt.no/wp-content/uploads/2012/10/Am_I_rambling_on_the_advantages_of_interviewing_couples_together.pdf) (Zugriff 7. Januar 2016).
Blossfeld, Hans-Peter und Sonja Drobnič (Hrsg.) (2001): Careers of Couples in Contemporary Society. From Male Breadwinner to Dual-Earner Families. Oxford: Oxford University Press.
Blumer, Herbert G. (1969): Symbolic Interactionism. Perspective and Method. Englewood Cliffs/N.J.: Prentice Hall.
Bogner, Alexander, Beate Littig und Wolfgang Menz (2014): Interviews mit Experten: Eine praxisorientierte Einführung. Wiesbaden: VS.
Bohnsack, Ralf (2011): Qualitative Bild- und Videointerpretation. Die dokumentarische Methode. Opladen: Barbara Budrich (2. Auflage).
Bohnsack, Ralf (2014): Rekonstruktive Sozialforschung. Einführung in qualitative Methoden. Opladen: Barbara Budrich (9. Auflage).
Bohnsack, Ralf, Bettina Fritzsche und Monika Wagner-Willi (Hrsg.) (2015): Dokumentarische Video- und Filminterpretation. Methodologie und Forschungspraxis. Opladen: Barbara Budrich.

Literatur

Bohnsack, Ralf, Burkard Michel und Aglaja Przyborski (Hrsg.) (2015): Dokumentarische Bildinterpretation. Methodologie und Forschungspraxis. Opladen: Barbara Budrich.
Bohnsack, Ralf, Iris Nentwig-Gesemann und Arnd-Michael Nohl (Hrsg.) (2001): Die dokumentarische Methode und ihre Forschungspraxis. Grundlagen qualitativer Forschung. Opladen: Leske + Budrich.
Born, Claudia (1993): Das Einkommen im ehepartnerlichen Aushandlungsprozeß. Argumentationsfigur zwischen Innovation und Restauration. In: Claudia Born und Helga Krüger (Hrsg.): Erwerbsverläufe von Ehepartnern und die Modernisierung weiblicher Lebensläufe. Status Passages and the Life Course 5. Weinheim: Deutscher Studienverlag, S. 191–208.
Braybrook, Debbie E., Lawrence W. Mróz, Steve Robertson, Alan White und Kate Milnes (2017): Holistic Experiences and Strategies for Conducting Research With Couples. In: Qualitative Health Research, 27 (4), S. 584–590.
Breidenstein, Georg, Stefan Hirschauer, Herbert Kalthoff und Boris Nieswand (2013): Ethnografie. Die Praxis der Feldforschung. Konstanz: utb.
Bürgisser, Margit (2017): Partnerschaftliche Rollenteilung – ein Erfolgsmodell. Bern: Hep-Verlag (*im Erscheinen*).
Burkart, Günter (1997): Lebensphasen, Liebesphasen. Vom Paar zur Ehe, zum Single und zurück? Opladen: Leske + Budrich.
Burkart, Günter (1998): Auf dem Weg zu einer Soziologie der Liebe. In: Kornelia Hahn und Günter Burkart (Hrsg.): Liebe am Ende des 20. Jahrhunderts. Studien zur Soziologie intimer Beziehungen I. Opladen: Leske + Budrich, S. 15–50.
Burkart, Günter und Cornelia Koppetsch (2001): Geschlecht und Liebe. Überlegungen zu einer Soziologie des Paares. In: Bettina Heintz (Hrsg.): Geschlechtersoziologie. Kölner Zeitschrift für Soziologie und Sozialpsychologie (Sonderheft 41). Wiesbaden: Westdeutscher Verlag, S. 431–453.
Burkart, Günter und Nikolaus Meyer (Hrsg.) (2016): „Die Welt anhalten". Von Bildern, Fotografie und Wissenschaft. Weinheim/Basel: Beltz Juventa.
Burkart, Günter, Beate Fietze und Martin Kohli (1989): Liebe, Ehe, Elternschaft. Eine qualitative Untersuchung über den Bedeutungswandel von Paarbeziehungen und seine demographischen Konsequenzen. Wiesbaden: Bundesinstitut für Bevölkerungsforschung.
Cappai, Gabriele (Hrsg.) (2008): Forschen unter Bedingungen kultureller Fremdheit. Wiesbaden: VS.
Çetin, Zülfukar (2012): Intersektionale Diskriminierungen am Beispiel binationaler schwuler Paare in Berlin. Bielefeld: transcript.
Çetin, Zülfukar (2014): Interaktion, Intervention, Interpretation: intersektionale Forschung zu binationalen, schwulen Partnerschaften. In: Hella von Unger, Petra Narimani und Rosaline M'Bayo (Hrsg.): Forschungsethik in der qualitativen Sozialforschung. Reflexivität, Perspektiven, Positionen. Wiesbaden: VS, S. 191–207.
Clarke, Adele E. (2012): Situationsanalyse. Grounded Theory nach dem Postmodern Turn. Wiesbaden: VS.
Creswell, John W. und Vicki L. Plano Clark (2007): Designing and Conducting Mixed Methods Research. Thousand Oaks: Sage.
Daub, Claus-Heinrich (1996): Intime Systeme. Eine soziologische Analyse der Paarbeziehung. Basel: Helbing und Lichtenhahn.
Dausien, Bettina (1996): Biographie und Geschlecht. Zur biographischen Konstruktion sozialer Wirklichkeit in Frauenlebensgeschichten. Bremen: Donat.

Davies, Bronwyn und Rom Harré (1990). Positioning: The discursive production of selves. In: Journal for the Theory of Social Behaviour, 20 (1), S. 43-63.
Deppermann, Arnulf (2013): Interview als Text vs. Interview als Interaktion [61 Absätze]. Forum Qualitative Sozialforschung /Forum: Qualitative Social Research 14 (3), Art. 13. (http://nbn-resolving.de/urn:nbn:de:0114-fqs1303131) (Zugriff 20. November 2015).
Deppermann, Arnulf (2015): Positioning. In: Anna De Fina und Alexandra Georgakpoulou (Hrsg.):Handbook of narrative analysis. New York: Wiley, S. 369-387.
Diewald, Martin, Sebastian Böhm, Tobias Graf und Stefanie Hoherz (2013): Berufliche Anforderungen und ihre Auswirkungen auf das Privatleben von doppelerwerbstätigen Paaren. In: Alessandra Rusconi, Christine Wimbauer, Mona Motakef, Beate Kortendiek und Peter A. Berger (Hrsg.): Paare und Ungleichheit(en). Eine Verhältnisbestimmung. GENDER (Sonderheft 2). Opladen: Barbara Budrich, S. 99-119.
Eckert, Roland, Alois Hahn und Marianne Wolf (1989): Die ersten Jahre junger Ehen. Verständigung durch Illusion? Frankfurt a. M./New York: Campus.
Egert, Gerko, Herdis Hagen, Oliver Powalla und Stephan Trinkaus (2010): Praktiken der Nichtmännlichkeit – Prekär-Werden Männlicher Herrschaft im ländlichen Brandenburg. In: Alexandra Manske und Katharina Pühl (Hrsg.): Prekarisierung zwischen Anomie und Normalisierung. Münster: Westfälisches Dampfboot, S. 186-209.
Erzberger, Christian (1998): Zahlen und Wörter. Die Verbindung quantitativer und qualitativer Daten und Methoden im Forschungsprozess. Weinheim: Deutscher Studien Verlag.
Evertsson, Lars und Charlott Nyman (2009): If not negotiation, then what? Gender equality and the organization of everyday life in Swedish couples. In: Interpersona 3 (Suppl. 1), S. 33-59.
Fishman, Pamela (1978): Interaction: Work Women Do. In: Social Problems, 25 (4), S. 397-406.
Fishman, Pamela (1984): Macht und Ohnmacht in Paargesprächen. In: Senta Trömel-Plötz (Hrsg.): Gewalt durch Sprache. Die Vergewaltigung von Frauen im Gespräch. Frankfurt am Main: Fischer, S. 127-140.
Flaake, Karin (2014): Neue Mütter – neue Väter. Eine empirische Studie zu veränderten Geschlechterbeziehungen in Familien. Gießen: Psychosozial-Verlag.
Flick, Uwe (2007): Qualitative Sozialforschung. Eine Einführung. Reinbek: Rowohlt (7. Auflage).
Flick, Uwe (2008): Triangulation. Eine Einführung. Wiesbaden: VS (2. Auflage).
Flick, Uwe, Ernst von Kardorff und Ines Steinke (Hrsg.) (2008): Qualitative Forschung. Ein Handbuch. Reinbek: Rowohlt (6. Auflage).
Foltys, Julia (2014): Geburt und Familie. Zugänge zu impliziten Logiken des Paarerlebens. Wiesbaden: VS.
Frerichs, Petra (1997): Klasse und Geschlecht I. Arbeit, Macht, Anerkennung, Interessen. Opladen: Leske + Budrich.
Funcke, Dorett und Petra Thorn (Hrsg.) (2010): Die gleichgeschlechtliche Familie mit Kindern: Interdisziplinäre Beiträge zu einer neuen Lebensform. Bielefeld: transcript.
Fuß, Susanne und Ute Karbach (2014): Grundlagen der Transkription. Eine praktische Einführung. Opladen u. a.: Barbara Budrich.
Gabb, Jacqui und Janet Fink (2015): Couple Relationships in the 21st Century. Basingstoke: Palgrave Macmillan.
Garfinkel, Harold (1967): Studies in Ethnomethodology. Englewood Cliffs/New Jersey: Prentice Hall.

Gather, Claudia (1996): Konstruktionen von Geschlechterverhältnissen. Machtstrukturen und Arbeitsteilung bei Paaren im Übergang in den Ruhestand. Berlin: edition sigma.
Giddens, Anthony (1984): The Constitution of Society. Berkeley, CA: University of California Press.
Giddens, Anthony (1992): The Transformation of Intimacy. Sexuality, Love & Eroticism in Modern Societies. Cambridge: Polity Press.
Gottwald, Markus (2014): Liebe re-embedded: Paare zwischen Emanzipation und instrumenteller Verwertung. Opladen: Barbara Budrich.
Gottwald, Markus und Christine Wimbauer (2009): Die Traumpaare und der Traum vom ,doppelten Harmonisierungsversprechen' des Doppelkarriere-Paares. In: Leviathan, 73 (1), S. 95-116.
Grunow, Daniela und Marie Evertson (Hrsg.) (2016): Couples' Transitions to Parenthood. Analysing Gender and Work in Europe. Cheltenham: Edward Elgar.
Hahn, Alois (1983): Konsensfiktionen in Kleingruppen. Dargestellt am Beispiel von jungen Ehen. In: Friedhelm Neidhardt (Hrsg.): Gruppensoziologie. Perspektiven und Materialien. Kölner Zeitschrift für Soziologie und Sozialpsychologie (Sonderheft 25). Köln: Westdeutscher Verlag, S. 210-232.
Hahn, Kornelia und Günter Burkart (Hrsg.) (1998): Liebe am Ende des 20. Jahrhunderts. Studien zur Soziologie intimer Beziehungen I. Opladen: Leske + Budrich.
Hahn, Kornelia und Günter Burkart (Hrsg.) (2000): Grenzen und Grenzüberschreitungen der Liebe. Studien zur Soziologie intimer Beziehungen II. Opladen: Leske + Budrich.
Haraway, Donna (1988): Situated Knowledges: The Science Question in Feminism and the Privilege of Partial Perspective. In: Feminist Studies, 14 (3), S. 575-599.
Heaphy, Brian und Anna Einarsdottir (2013): Scripting Civil Partnerships: interviewing couples together and apart. In: Qualitative Research, 13 (1), S. 53-70.
Helfferich, Cornelia (2009): Die Qualität qualitativer Daten. Manual für die Durchführung qualitativer Interviews. Wiesbaden: VS (3. überarb. Auflage).
Hess, Johanna und Lisa Pfahl (2011): „Under pressure...!?" - Biografische Orientierungen von Wissenschaftlerinnen in Beruf, Partnerschaft und Familie. In: Alessandra Rusconi und Heike Solga (Hrsg.): Gemeinsam Karriere machen. Die Verflechtung von Berufskarriere und Familie in Akademikerpartnerschaften. Opladen: Barbara Budrich, S. 117-145.
Hildenbrand, Bruno (1983): Alltag und Krankheit: Ethnographie einer Familie. Stuttgart: Klett.
Hildenbrand, Bruno (2005): Fallrekonstruktive Familienforschung: Anleitungen für die Praxis. Wiesbaden: VS (2. Auflage).
Hildenbrand, Bruno (2006): Dissensfiktionen bei Paaren. In: Günter Burkart (Hrsg.): Die Ausweitung der Bekenntniskultur - neue Formen der Selbstthematisierung? Wiesbaden: VS, S. 185-206.
Hildenbrand, Bruno und Walther Jahn (1988): „Gemeinsames Erzählen" und Prozesse der Wirklichkeitskonstruktion in familiengeschichtlichen Gesprächen. In: Zeitschrift für Soziologie, 17 (3), S. 203-217.
Hirschauer, Stefan, Anika Hoffmann und Annekathrin Stange (2015): Paarinterviews als teilnehmende Beobachtung. Präsente Abwesende und zuschauende DarstellerInnen im Forschungsgespräch. In: Forum Qualitative Sozialforschung, 16 (3), Art. 30. (http://nbn-resolving.de/urn:nbn:de:0114-fqs1503306) (Zugriff 15. Dezember 2015).
Hirschauer, Stefan, Birgit Heimerl, Anika Hoffmann und Peter Hofman (2014): Soziologie der Schwangerschaft. Explorationen pränataler Sozialität. Stuttgart: Lucius & Lucius.

Hirseland, Andreas und Werner Schneider (2004): Geldarrangements in Paarbeziehungen: Kontinuitäten und Veränderungsdynamiken – Ergebnisse der 2. Phase. Arbeitspapier des Projekts B6 des SFB 536. München: unveröff. Ms.

Hirseland, Andreas, Holger Herma und Werner Schneider (2005): Geld und Karriere – Biographische Synchronisation und Ungleichheit bei karriereorientierten Paaren. In: Heike Solga und Christine Wimbauer (Hrsg.): „Wenn zwei das Gleiche tun…" Ideal und Realität sozialer (Un-)Gleichheit in Dual Career Couples. Opladen: Barbara Budrich, S. 163–186.

Hirseland, Andreas, Werner Schneider und Christine Wimbauer (2005): Paare und Geld. Zur Ökonomisierung der Beziehungskultur. In: WestEnd. Neue Zeitschrift für Sozialforschung (Themenheft: Liebe und Kapitalismus), 2 (1), S. 108–118.

Hitzler, Ronald (1991): Dummheit als Methode – eine dramatologische Textinterpretation. In: Detlef Garz und Klaus Kraimer (Hrsg.): Qualitativ-empirische Sozialforschung. Konzepte, Methoden, Analysen. Opladen: Westdeutscher Verlag, S. 295–318.

Hitzler, Ronald, Jo Reichertz und Norbert Schröer (Hrsg.) (1999): Hermeneutische Wissenssoziologie. Standpunkte zur Theorie der Interpretation. Konstanz: Universitätsverlag Konstanz.

Hollstein, Betina und Florian Straus (Hrsg.) (2006): Qualitative Netzwerkanalyse. Konzepte, Methoden, Anwendungen. Wiesbaden: VS.

Hollstein, Betina und Jürgen Pfeffer (2010): Netzwerkkarten als Instrument zur Erhebung egozentrierter Netzwerke. (http://www.pfeffer.at/egonet/Hollstein%20Pfeffer.pdf) (Zugriff 7. Februar 2016).

Honneth, Axel (1994): Kampf um Anerkennung. Zur moralischen Grammatik sozialer Konflikte. Frankfurt a. M.: Suhrkamp.

Honneth, Axel (2011): Das Recht der Freiheit. Grundriß einer demokratischen Sittlichkeit. Berlin: Suhrkamp.

Huinink, Johannes und Alexander Röhler (2005): Liebe und Arbeit in Paarbeziehungen. Zur Erklärung geschlechtstypischer Arbeitsteilung in nichtehelichen und ehelichen Lebensgemeinschaften. Würzburg: Ergon.

Huinink, Johannes, Josef Brüderl, Bernhard Nauck, Sabine Walper, Laura Castiglioni und Michael Feldhaus (2011): Panel Analysis of Intimate Relationships and Family Dynamics (pairfam): Conceptual framework and design. In: Zeitschrift für Familienforschung, 23 (1), S. 77–100.

Isep, Claudia (2014): Paar-Sein in Interaktion beforschen. Methodologische Überlegungen zu einer Synthese von Konversationsanalyse und Ethnographie. In: Cordula Schwarze und Carmen Konzett (Hrsg.): Interaktionsforschung: Gesprächsanalytische Fallstudien und Forschungspraxis. Berlin: Frank & Timme, S. 131–154.

Jurczyk, Karin, Andreas Lange und Barbara Thiessen (2014): Doing Family – Familienalltag heute. Warum Familienleben nicht mehr selbstverständlich ist. Weinheim: Beltz Juventa.

Jurczyk, Karin, Michaela Schier, Peggy Szymenderski, Andreas Lange, Günter G. Voß (2009): Entgrenzte Arbeit – entgrenzte Familie. Grenzmanagement im Alltag als neue Herausforderung. Berlin: edition sigma.

Jürgens, Kerstin und Karsten Reinecke (1998): Zwischen Volks- und Kinderwagen. Auswirkungen der 28,8-Stunden-Woche bei VW AG auf die familiale Lebensführung von Industriearbeitern. Berlin: edition sigma.

Kahn, Robert L. und Toni C. Antonucci (1980): Convoys over the life course: Attachment, roles, and social support. In: Paul B. Baltes und Orvil G. Brim (Hrsg.): Life-span Development and Behavior. New York: Academic Press, S. 383–405.

Kaufmann, Jean-Claude (1994): Schmutzige Wäsche. Zur ehelichen Konstruktion von Alltag. Konstanz: Universitätsverlag Konstanz.
Kaufmann, Jean-Claude (1999a): Das verstehende Interview. Theorie und Praxis. Konstanz: Universitätsverlag Konstanz.
Kaufmann, Jean-Claude (1999b): Mit Leib und Seele. Theorie der Haushaltstätigkeit. Konstanz: Universitätsverlag Konstanz.
Keddi, Barbara (2003): Projekt Liebe. Lebensthemen und biographisches Handeln junger Frauen in Paarbeziehungen. Opladen: Leske + Budrich.
Keddi, Barbara, Patricia Pfeil, Petra Strehmel und Svendy Wittmann (1999): Lebensthemen junger Frauen. Die andere Vielfalt weiblicher Lebensentwürfe. Opladen: Leske + Budrich.
Kelle, Udo (2007): Die Integration qualitativer und quantitativer Methoden in der empirischen Sozialforschung. Theoretische Grundlagen und methodologische Konzepte. Wiesbaden: VS.
Keller, Reiner (2012): Das interpretative Paradigma. Eine Einführung. Wiesbaden: VS.
Keppler, Angela (1994): Tischgespräche. Über Formen kommunikativer Vergemeinschaftung am Beispiel der Konversation in Familien. Frankfurt a. M.: Suhrkamp.
Klammer, Ute, Sabine Neukirch und Dagmar Weßler-Poßberg (2012): Wenn Mama das Geld verdient. Familienernährerinnen zwischen Prekarität und neuen Rollenbildern. Berlin: edition sigma.
Klenner Christina, Katrin Menke und Svenja Pfahl (2012): Flexible Familienernährerinnen. Moderne Geschlechterarrangements oder prekäre Konstellationen? Opladen: Barbara Budrich.
Klesse, Christian (2007): The spectre of promiscuity: gay male and bisexual non-monogamies and polyamories. London: Ashgate.
Klesse, Christian (2014): Polyamory: Intimate practice, identity or sexual orientation? In: Sexualities, 17 (1–2), S. 81–99.
Kluge, Susann und Udo Kelle (2001): Methodeninnovation in der Lebenslaufforschung. Integration qualitativer und quantitativer Verfahren in der Lebenslauf- und Biographieforschung. Weinheim und München: Juventa.
Knoblauch, Hubert, Alejandro Baer, Eric Laurier, Sabine Petschke und Bernt Schnettler (2008). Visual Analysis. New Developments in the Interpretative Analysis of Video and Photography. Forum Qualitative Sozialforschung / Forum: Qualitative Social Research, 9(3), Art. 14, http://nbn-resolving.de/urn:nbn:de:0114-fqs0803148 (Zugriff 5. Februar 2017).
König, Hans-Dieter (2001): Tiefenhermeneutik als Methode psychoanalytischer Kulturforschung. In: Heide Appelsmeyer und Elfriede Billmann-Mahecha (Hrsg.): Kulturwissenschaft. Felder einer prozeßorientierten wissenschaftlichen Praxis. Weilerswist: Velbrück, S. 168–194.
König, Hans-Dieter (o. J.): Tiefenhermeneutische Kulturanalyse. http://www.tiefenhermeneutik.org/glossar/tiefenhermeneutische-kulturanalyse/ (Zugriff: 7. März 2017).
König, Tomke (2012): Familie heißt Arbeit teilen. Transformationen der symbolischen Geschlechterordnung. Konstanz: Universitätsverlag Konstanz.
Koppetsch, Cornelia und Günter Burkart (1999): Die Illusion der Emanzipation. Zur Wirksamkeit latenter Geschlechtsnormen im Milieuvergleich. Konstanz: Universitätsverlag Konstanz.
Koppetsch, Cornelia und Sarah Speck (2015): Wenn der Mann kein Ernährer mehr ist. Berlin: Suhrkamp.

Kruse, Jan (2015): Qualitative Interviewforschung. Ein integrativer Ansatz. Weinheim: Beltz Juventa (2. Auflage).
Kruse, Jan und Christian Schmieder (2012): In fremden Gewässern. Ein integratives Basisverfahren als sensibilisierendes Programm für rekonstruktive Analyseprozesse im Kontext fremder Sprachen. In: Jan Kruse, Stephanie Bethmann, Debora Niermann und Christian Schmieder (Hrsg.): Qualitative Interviewforschung in und mit fremden Sprachen. Weinheim: Beltz Juventa, S. 248–295.
Kruse, Jan, Stephanie Bethmann, Deborah Niermann und Christian Schmieder (Hrsg.) (2012a): Qualitative Interviewforschung in und mit fremden Sprachen. Weinheim: Beltz Juventa.
Kruse, Jan, Stephanie Bethmann, Judith Eckert, Debora Niermann und Christian Schmieder (2012b): In und mit fremden Sprachen forschen. Eine empirische Bestandsaufnahme zu Erfahrungs- und Handlungswissen von Forschenden. In: Jan Kruse, Stephanie Bethmann, Debora Niermann und Christian Schmieder (Hrsg.): Qualitative Interviewforschung in und mit fremden Sprachen. Weinheim: Beltz Juventa, S. 27–68.
Kuckartz, Udo (2014): Mixed Methods. Methodologie, Forschungsdesigns und Analyseverfahren. Wiesbaden: VS.
Kühn, Thomas und Kay-Volker Koschel (2011): Gruppendiskussionen. Ein Praxis-Handbuch. Wiesbaden: VS.
Küsters, Ivonne (2009): Narrative Interviews. Grundlagen und Anwendungen. Wiesbaden: VS (2. Auflage).
Lauer, Nadine (2011): Das Paarinterview als Erhebungsinstrument in der sozialpädagogischen (Familien)Forschung. In: Gertrud Oelerich und Hans-Uwe Otto (Hrsg.): Empirische Forschung und Soziale Arbeit. Ein Studienbuch. Wiesbaden: VS.
Lenz, Karl (2009): Soziologie der Zweierbeziehung. Eine Einführung. Wiesbaden: VS (4. Auflage).
Lenz, Karl (2014): Die Ehe und die Konstruktion der Wirklichkeit revisited. In: Norman Braun, Julian Müller, Armin Nassehi, Irmhild Saake und Tobias Wolbring (Hrsg.): Begriffe – Positionen – Debatten. Eine Relektüre von 65 Jahren Soziale Welt. Soziale Welt (Sonderband 21). Baden-Baden: Nomos, S. 51–62.
Leupold, Andrea (1983): Liebe und Partnerschaft: Formen der Codierung von Ehen. In: Zeitschrift für Soziologie, 12 (4), S. 297–327.
Lucius-Hoene, Gabriele und Arnulf Deppermann (2004a): Rekonstruktion narrativer Identität. Ein Arbeitsbuch zur Analyse narrativer Interviews. Opladen: Leske + Budrich.
Lucius-Hoene, Gabriele und Arnulf Deppermann (2004b): Narrative Identität und Positionierung. In: Gesprächsforschung, 5, S. 166–183. (http://www.gespraechsforschung-ozs. de/heft2004/ga-lucius.pdf) (Zugriff 15. Januar 2016).
Luckmann, Thomas (1999): Wirklichkeiten: individuelle Konstitution und gesellschaftliche Konstruktion. In: Ronald Hitzler, Jo Reichertz und Norbert Schröer (Hrsg.): Hermeneutische Wissenssoziologie. Standpunkte zur Theorie der Interpretation. Konstanz: Universitätsverlag Konstanz, S. 17–28.
Ludwig-Mayerhofer, Wolfgang, Dorothee Kaesler, Werner Schneider, Jutta Allmendinger, Riccarda Höft und Christine Wimbauer (2001): Methodisches Vorgehen und Forschungsdesign (erste Projektphase). SFB 536, Projekt B6: Arbeitspapier 2. München. (unveröff. Ms., erhältlich bei den Autorinnen).
Ludwig-Mayerhofer, Wolfgang, Werner Schneider und Christine Wimbauer (2002): Prekäre Balancen – Liebe und Geld in Paarbeziehungen. In: Leviathan (Sonderheft 21), S. 263–285.

Luhmann, Niklas (1982): Liebe als Passion. Zur Codierung von Intimität. Frankfurt a. M.: Suhrkamp.
Maier, Maja S. (2008): Paaridentitäten. Biografische Rekonstruktionen homosexueller und heterosexueller Paarbeziehungen im Vergleich. Weinheim: Juventa.
Maiwald, Kai Olaf (2007): Die Liebe und der häusliche Alltag. Überlegungen zu Anerkennungsstrukturen in Paarbeziehungen. In: Christine Wimbauer, Annette Henninger und Markus Gottwald (Hrsg.): Die Gesellschaft als „institutionalisierte Anerkennungsordnung" – Anerkennung und Ungleichheit in Paarbeziehungen, Arbeitsorganisationen und Sozialstaat. Opladen: Barbara Budrich, S. 69–95.
Mannheim, Karl (1980): Strukturen des Denkens. Frankfurt a. M.: Suhrkamp.
Mannheim, Karl (2009 [1928]): Das Problem der Generation. In: Ders., Schriften zur Wirtschafts- und Kultursoziologie, hrsg. von Amalia Barboza und Klaus Lichtblau. Wiesbaden: VS, S. 121–166.
Mead, George Herbert (1973 [1934]): Geist, Identität und Gesellschaft. Frankfurt a. M.: Suhrkamp (hier zitiert nach der 9. Auflage, 1993).
Moen, Phyllis (2003): It's About Time: Couples and Careers. Ithaca, London: Cornell University Press.
Morgan, David L. (2016): Essentials of Dyadic Interviewing. London, New York: Routledge.
Morgan, David L., Jutta Ataie, Paula Carder und Kim Hoffmann (2013): Introducing Dyadic Interviews as a Method for Collecting Qualitative Data. In: Qualitative Health Research, 23 (9), S. 1276–1284.
Morris, Sara M. (2001): Joint and Individual Interviewing in the Context of Cancer. In: Qualitative Health Research, 11 (4), S. 553–567.
Motakef, Mona (2015): Prekarisierung. Bielefeld: transcript.
Nassehi, Armin (1994): Die Form der Biographie. Theoretische Überlegungen zur Biographieforschung in methodologischer Absicht. In: BIOS, 7 (1), S. 46–63.
Nassehi, Armin und Irmhild Saake (2002): Kontingenz: Methodisch verhindert oder beobachtet? Ein Beitrag zur Methodologie der qualitativen Sozialforschung. In: Zeitschrift für Soziologie, 31 (1), S. 66–86.
Nohl, Arnd-Michael (2006): Interview und dokumentarische Methode. Wiesbaden: VS (2. Auflage).
Oevermann, Ulrich (2008): Zur Differenz von praktischem und methodischem Verstehen in der ethnologischen Feldforschung – Eine rein textimmanente objektiv hermeneutische Sequenzanalyse von übersetzen Verbatim-Transkripten von Gruppendiskussionen in einer afrikanischen lokalen Kultur. In: Gabriele Cappai (Hrsg.): Forschen unter Bedingungen kultureller Fremdheit. Wiesbaden: VS, S. 145–233.
Oevermann, Ulrich, Tilmann Allert, Elisabett Konau und Jürgen Krambeck (1979): Die Methodologie einer ‚objektiven Hermeneutik' und ihre allgemeine forschungslogische Bedeutung in den Sozialwissenschaften. In: Hans-Georg Soeffner (Hrsg.): Interpretative Verfahren in den Sozial- und Textwissenschaften. Stuttgart: Enke, S. 352–433.
Offenberger, Ursula (2016): Geschlecht und Gemütlichkeit. Paarentscheidungen über das beheizte Zuhause. Berlin/Boston: DeGruyter.
Pahl, Jan (1989): Money and Marriage. Basingstoke: Macmillan.
Parsons, Talcott und Robert F. Bales (1955): Family, Socialization and Interaction Process. Glencoe: The Free Press.

Passet-Wittig, Jasmin (2017): Unerfüllte Kinderwünsche und Reproduktionsmedizin. Eine sozialwissenschaftliche Analyse von Paaren in Kinderwunschbehandlung. Opladen: Barbara Budrich.

Peukert, Almut (2015): Aushandlungen von Paaren zur Elternzeit. Wiesbaden: VS.

Polak, Louisa und Judith Green (2016): Using Joint Interviews to Add Analytic Value. In: Qualitative Health Research, 26 (12), S. 1638-1648.

Przyborski, Aglaja (2004): Gesprächsanalyse und dokumentarische Methode. Qualitative Auswertung von Gesprächen, Gruppendiskussionen und anderen Diskursen. Wiesbaden: VS.

Przyborski, Aglaja und Monika Wohlrab-Sahr (2014): Qualitative Sozialforschung: ein Arbeitsbuch. München: Oldenbourg (3. Auflage).

Quasthoff, Uta M. (1980): Gemeinsames Erzählen als Form und Mittel im sozialen Konflikt oder: Ein Ehepaar erzählt eine Geschichte. In: Konrad Ehlich (Hrsg.): Erzählen im Alltag. Frankfurt a. M.: Suhrkamp, S. 109-141.

Rehbein, Boike (2012): Fremdsprachliche Sozialstrukturen. Von Milieus zu Sozialkulturen und Soziolekten in Laos. In: Jan Kruse, Stephanie Bethmann, Deborah Niermann und Christian Schmieder (Hrsg.): Qualitative Interviewforschung in und mit fremden Sprache. Eine Einführung in Theorie und Praxis. Weinheim und Basel: Beltz Juventa, S. 151-164.

Rosenthal, Gabriele (1995): Erlebte und erzählte Lebensgeschichte: Gestalt und Struktur biographischer Selbstbeschreibungen. Frankfurt a. M./New York: Campus.

Rosenthal, Gabriele (2015). Interpretative Sozialfoschung: eine Einführung. Weinheim und Basel: Juventa (5. Auflage).

Roulston, Kathryn (2010): Reflective Interviewing. London: Sage.

Ruiner, Caroline (2010): Paare im Wandel. Eine qualitative Paneluntersuchung zur Dynamik des Verlaufs von Paarbeziehungen. Wiesbaden: VS.

Rüling, Anneli (2007): Jenseits der Traditionalisierungsfallen. Wie Eltern sich Familien- und Erwerbsarbeit teilen. Frankfurt a. M./New York: Campus.

Rupp, Marina (2011): Partnerschaft und Elternschaft bei gleichgeschlechtlichen Paaren: Verbreitung, Institutionalisierung und Alltagsgestaltung. Zeitschrift für Familienforschung 2011 (Sonderheft 7). Opladen: Barbara Budrich.

Rusconi, Alessandra und Christine Wimbauer (2013): Paare/Ungleichheiten. Eine Einleitung. In: Alessandra Rusconi, Christine Wimbauer, Mona Motakef, Beate Kortendiek und Peter A. Berger (Hrsg.): Paare und Ungleichheit(en) – Eine Verhältnisbestimmung. Zeitschrift GENDER (Sonderband 2). Opladen: Barbara Budrich, S. 10-36.

Rusconi, Alessandra und Heike Solga (2007): Determinants of and Obstacles to Dual Careers in Germany. In: Zeitschrift für Familienforschung, 19 (3), S. 311-336.

Rusconi, Alessandra und Heike Solga (Hrsg.) (2011): Gemeinsam Karriere machen. Die Verflechtung von Berufskarrieren und Familie in Akademikerpartnerschaften. Opladen: Barbara Budrich.

Rusconi, Alessandra, Christine Wimbauer, Mona Motakef, Beate Kortendiek und Peter A. Berger (Hrsg.) (2013): Paare und Ungleichheit(en) – Eine Verhältnisbestimmung. Zeitschrift GENDER (Sonderband 2). Opladen: Barbara Budrich.

Schadler, Cornelia (2013): Vater, Mutter, Kind werden. Eine posthumanistische Ethnographie der Schwangerschaft. Bielefeld: transcript.

Schneider, Werner (1994): Streitende Liebe. Zur Soziologie familialer Konflikte. Opladen: Leske + Budrich.

Schneider, Werner (2002): Von der familiensoziologischen Ordnung der Familie zu einer Soziologie des Privaten? In: Soziale Welt, 53 (4), S. 375-396.

Schneider, Werner, Andreas Hirseland, Jutta Allmendinger und Christine Wimbauer (2007): Jenseits des männlichen Ernährermodells? Geldarrangements im Beziehungsalltag von Doppelverdienerpaaren. In: Sabine Berghahn (Hrsg.): Unterhalt und Existenzsicherung – Recht und Wirklichkeit in Deutschland. Baden-Baden: Nomos, S. 145–161.

Schneider, Werner, Andreas Hirseland, Wolfgang Ludwig-Mayerhofer und Jutta Allmendinger (2005): Macht und Ohnmacht des Geldes im Privaten – Zur Dynamik von Individualisierung in Paarbeziehungen. In: Soziale Welt (Theorie und Empirie reflexiver Modernisierung), 56 (2/3), S. 203–224.

Schneider, Werner, Christine Wimbauer und Andreas Hirseland (2006): Das eigene Geld von Frauen – Individualisierung, Geschlechterungleichheit und die symbolische Bedeutung von Geld in Paarbeziehungen. In: Hans Bertram, Helga Krüger und Katharina C. Spieß (Hrsg.): Wem gehört die Familie der Zukunft? Expertisen zum 7. Familienbericht der Bundesregierung. Opladen: Barbara Budrich, S. 279–300.

Schneider, Werner, Manuela Schröder-Gronostay, Holger Herma, Andreas Hirseland, Tatjana Rosendorfer, Jutta Allmendinger und Wolfgang Ludwig-Mayerhofer (2004): Paarbefragungen. Methodologische Überlegungen zu einem relationalen Ansatz. SFB 536, Projekt B6: Arbeitspapier 6. München. (unveröff. Ms., erhältlich bei den Autorinnen).

Schneider, Werner, Wolfgang Ludwig-Mayerhofer, Christine Wimbauer, Jutta Allmendinger und Dorothee Kaesler (2002): Individuen-in-Paaren: Paarbeziehungen und Subjektkonzeption(en). SFB 536, Projekt B6: Arbeitspapier 7. München. (unveröff. Ms., erhältlich bei den Autorinnen).

Schröer, Norbert (1994): Interpretative Sozialforschung. Auf dem Weg zu einer hermeneutischen Wissenssoziologie. Opladen: Westdeutscher Verlag.

Schulz, Florian und Hans-Peter Blossfeld (2006): Wie verändert sich die häusliche Arbeitsteilung im Eheverlauf? Eine Längsschnittstudie der ersten 14 Ehejahre in Westdeutschland. In: Kölner Zeitschrift für Soziologie und Sozialpsychologie, 58 (1), S. 23–49.

Schürmann, Lena (2005): Die Konstruktion von ‚Hausarbeit' in gleichgeschlechtlichen Paarbeziehungen. In: Heike Solga und Christine Wimbauer (Hrsg.): „Wenn zwei das gleiche tun..." – Ideal und Realität sozialer (Un-)Gleichheit in Dual Career Couples. Opladen: Barbara Budrich, S. 141–161.

Schütz, Alfred (1971 [1962]): Gesammelte Aufsätze, Bd. 1 – Das Problem der sozialen Wirklichkeit. Den Haag: Nijhoff.

Schütz, Alfred (2004 [1932]): Der sinnhafte Aufbau der sozialen Welt. Eine Einleitung in die verstehende Soziologie. Konstanz: Universitätsverlag Konstanz.

Schütze, Fritz (1983): Biographieforschung und narratives Interview. In: Neue Praxis, 13 (3), S. 283–293.

Schütze, Fritz (1987): Das narrative Interview in Interaktionsfeldstudien: erzähltheoretische Grundlagen 1. Studienbrief der Fern Universität Hagen. Nr. 3757. Hagen, FB Erziehungs-, Sozial- und Geisteswissenschaften.

Schütze, Fritz, Werner Meinefeld, Werner Springer und Ansgar Weymann (1973): Grundlagentheoretische Vorraussetzungen methodisch kontrollierten Fremdverstehens. In: Arbeitsgruppe Bielefelder Soziologen (Hrsg.): Alltagswissen, Interaktion und gesellschaftliche Wirklichkeit. Bd. 2. Reinbek: Rowohlt, S. 433–495.

Seale, Clive, Jonathan Charteris-Black, Carol Dumelow, Louise Locock und Sue Ziebland (2008): The Effect of Joint Interviewing on the Performance of Gender. In: Field Methods, 20 (2), S. 107–128.

Seymour, Julie, Gill Dix und Tony Eardley (1995): Joint accounts: Methodology and practice in research interviews with couples. York, UK: Social Policy Research Unit.

Sichart, Astrid von (2016): Resilienz bei Paaren. Empirische Rekonstruktion der Krisenbewältigung auf der Grundlage von Paargesprächen und Fotos. Sozialwissenschaftliche Ikonologie: Qualitative Bild- und Videointerpretation Band 8. Opladen, Berlin, Toronto: Barbara Budrich.

Sieder, Reinhard (1987): Sozialgeschichte der Familie. Frankfurt a. M.: Suhrkamp.

Silverman, David (2011): Interpreting Qualitative Data. London: Sage (4. Auflage).

Simmel, Georg (1985 [1921/22]): Fragment über die Liebe. In: Georg Simmel: Schriften zur Philosophie und Soziologie der Geschlechter. Frankfurt a. M.: Suhrkamp, S. 224–282.

Simmel, Georg (1992 [1908]): Soziologie. Untersuchungen über die Formen der Vergesellschaftung. Frankfurt a. M.: Suhrkamp.

Soeffner, Hans-Georg (1999): Verstehende Soziologie und sozialwissenschaftliche Hermeneutik. Die Rekonstruktion der gesellschaftlichen Konstruktion der Wirklichkeit. In: Ronald Hitzler, Jo Reichertz und Norbert Schröer (Hrsg.): Hermeneutische Wissenssoziologie. Standpunkte zur Theorie der Interpretation. Konstanz: Universitätsverlag Konstanz, S. 39–49.

Soeffner, Hans-Georg (2000): Sozialwissenschaftliche Hermeneutik. In: Uwe Flick, Ernst von Kardorff und Ines Steinke (Hrsg.): Qualitative Forschung. Ein Handbuch. Reinbek: Rowohlt, S. 164–174.

Soeffner, Hans-Georg und Ronald Hitzler (1994): Hermeneutik als Haltung und Handlung. Über methodisch kontrolliertes Verstehen. In: Norbert Schröer (Hrsg.): Interpretative Sozialforschung. Opladen: Westdeutscher Verlag, S. 28–54.

Solga, Heike und Christine Wimbauer (Hrsg.) (2005): „Wenn zwei das Gleiche tun ..." – Ideal und Realität sozialer (Un-)Gleichheit in Dual Career Couples. Opladen: Barbara Budrich.

Soom Ammann, Eva (2011): Ein Leben hier gemacht. Altern in der Migration aus biographischer Perspektive – Italienische Ehepaare in der Schweiz. Bielefeld: transcript.

Spura, Anke (2014): Biographie und Paarbeziehung. Zur Struktur triadischer Wechselwirkungen bei Doppelkarrierepaaren. Opladen: Barbara Budrich.

Statista: Scheidungsquote in Deutschland von 1960 bis 2013. (http://de.statista.com/statistik/daten/studie/76211/umfrage/scheidungsquote-von-1960-bis-2008/) (Zugriff 7. Dezember 15).

Stempfhuber, Martin (2012): Paargeschichten: Zur performativen Herstellung von Intimität. Wiesbaden: VS.

Stempfhuber, Martin (2013): Doing it with couples: the chattiness of the social revisited. In: Distinktion: Scandinavian Journal of Social Theory, 14 (3), S. 326–341.

Strauss, Anselm L. (1994): Grundlagen qualitativer Sozialforschung. Datenanalyse und Theoriebildung in der empirischen soziologischen Forschung. München: W. Fink.

Strauss, Anselm L. und Juliet Corbin (1996): Grounded Theory. Grundlagen qualitativer Sozialforschung. Weinheim: Beltz.

Strübing, Jörg (2008): Grounded Theory: Zur sozialtheoretischen und epistemologischen Fundierung des Verfahrens der empirisch begründeten Theoriebildung. Wiesbaden: VS (2. Auflage).

Strübing, Jörg (2013): Qualitative Sozialforschung. Eine komprimierte Einführung für Studierende. München: Oldenbourg.

Tashakkori, Abbas und Charles Teddlie (2010): SAGE Handbook of Mixed Methods in Social & Behavioral Research. Los Angeles/London/New Delhi: Sage (2nd Edition).

Tashakkori, Abbas und Charles Teddlie (Hrsg.) (2003): Handbook of Mixed Methods in Social and Behavioral Research. Thousand Oaks, CA: Sage.
Taylor, Bridget und Hilde de Vocht (2011): Interviewing Separately or as Couples? Considerations of Authenticity of Method. In: Qualitative Health Research, 21 (11), S. 1576–1587.
Teddlie, Charles und Abbas Tashakkori (Hrsg.) (2009): Foundations of Mixed Methods Research: Integrating Quantitative and Qualitative Approaches in the Social and Behavioral Sciences. Los Angeles: Sage.
Thomas, William Isaac (1967): The Unadjusted Girl. With Cases and Standpoint for Behavioural Analysis. New York: Harper und Row.
Tuma, René, Bernt Schnettler und Hubert Knoblauch (2013): Videographie: Einführung in die interpretative Video-Analyse sozialer Situationen. Wiesbaden: VS.
Tyrell, Hartmann (1987): Romantische Liebe – Überlegungen zu ihrer „quantitativen Bestimmtheit". In: Dirk Baecker, Jürgen Markowitz, Rudolf Stichweh, Hartmann Tyrell und Helmut Willke (Hrsg.): Theorie als Passion. Niklas Luhmann zum 60. Geburtstag. Frankfurt a. M.: Suhrkamp, S. 570–599.
Tyrell, Hartmann (1988): Ehe und Familie – Institutionalisierung und Deinstitutionalisierung. In: Kurt Lüscher, Franz Schultheis und Michael Wehrspaun (Hrsg.): Die „postmoderne" Familie. Familiale Strategien und Familienpolitik in einer Übergangszeit. Konstanz: Universitätsverlag Konstanz, S. 145–156.
Valentine, Gill (1999): Doing household research: interviewing couples together and apart. In: Area, 31 (1), S. 67–74.
Wagner, Dominik (2017): Familientradition Hartz IV? Soziale Reproduktion von Armut in Familie und Biografie. Opladen, Berlin, Toronto: Barbara Budrich.
Weber, Max (1972 [1921]): Wirtschaft und Gesellschaft. Grundriss der verstehenden Soziologie. Tübingen: J.C.B. Mohr.
Weißmann, Marliese (2016): Dazugehören. Handlungsstrategien von Arbeitslosen. München/Konstanz: Universitätsverlag Konstanz.
Wernet, Andreas (2000): Einführung in die Interpretationstechnik der Objektiven Hermeneutik. Opladen: Leske + Budrich.
West, Candace und Don H. Zimmerman (1987): Doing Gender. In: Gender & Society 1987, 1 (2), S. 125–151.
Wiese, Leopold von (1966 [1933]): System der Allgemeinen Soziologie als Lehre von den sozialen Prozessen und den sozialen Gebilden der Menschen (Beziehungslehre). Berlin: Duncker & Humblot.
Wilson, Angie D., Anthony J. Onwuegbuzie und LaShondra P. Manning (2016): Using Paired Depth Interviews to Collect Qualitative Data. In: The Qualitative Report, 21 (9), S. 1549–1573. http://nsuworks.nova.edu/tqr/vol21/iss9/1 (Zugriff: 1. März 2017).
Wimbauer, Christine (2003): Geld und Liebe. Zur symbolischen Bedeutung von Geld in Paarbeziehungen. Frankfurt a. M./New York: Campus.
Wimbauer, Christine (2012): Wenn Arbeit Liebe ersetzt. Doppelkarriere-Paare zwischen Anerkennung und Ungleichheit. Frankfurt a. M./New York: Campus.
Wimbauer, Christine und Mona Motakef (2017): Das Paarinterview in der soziologischen Paarforschung. Method(olog)ische und forschungspraktische Überlegungen [87 Absätze]. In: Forum Qualitative Sozialforschung / Forum: Qualitative Social Research, 18 (2), Art. 4, http://nbn-resolving.de/urn:nbn:de:0114-fqs170243.

Wimbauer, Christine und Mona Motakef (i. E.): Paarbeziehungen. Paare und Ungleichheiten als Gegenstand der Geschlechterforschung. In: Beate Kortendiek, Birgit Riegraf und Katja Sabisch (Hrsg): Handbuch Interdisziplinäre Geschlechterforschung. Wiesbaden: VS.

Wimbauer, Christine, Anette Henninger, Anke Spura und Mona Motakef (2010): Anerkennung und Ungleichheit in Doppelkarriere-Paaren: Methodisches Vorgehen und Forschungsdesign für die Paar- und Einzelinterviews, Emmy-Noether-Nachwuchsgruppe ‚Liebe', Arbeit, Anerkennung, Arbeitspapier 10, Berlin (unveröffentl. Ms., erhältlich bei den Autorinnen).

Wimbauer, Christine, Annette Henninger und Anke Spura (2007): Zeit ist mehr als Geld – Vereinbarkeit von Kind und Karriere bei Doppelkarriere-Paaren. In: Zeitschrift für Frauen- und Geschlechterforschung, 25 (3/4), S. 69–84.

Wimbauer, Christine, Werner Schneider und Wolfgang Ludwig-Mayerhofer (2002): Prekäre Balancen. Liebe und Geld in Paarbeziehungen. In: Christoph Deutschmann (Hrsg.): Die gesellschaftliche Macht des Geldes. Leviathan (Sonderheft 21). Wiesbaden: Westdeutscher Verlag, S. 263–285.

Witzel, Andreas (1982): Verfahren der qualitativen Sozialforschung. Überblick und Alternativen. Frankfurt a. M.: Campus.

Witzel, Andreas (2000). Das problemzentrierte Interview [25 Absätze]. Forum Qualitative Sozialforschung/Forum: Qualitative Social Research, 1 (1), Art. 22. http://www.qualitative-research.net/index.php/fqs/article/view/%201132/2519 (Zugriff 4. Februar 2016).

Wohlrab-Sahr, Monika (2006): Systemtransformation und Biographie: Kontinuierungen und Diskontinuierungen im Generationenverhältnis ostdeutscher Familien. In: Karl-Siegbert Rehberg (Hrsg.): Soziale Ungleichheit, kulturelle Unterschiede. Verhandlungen des 32. Kongresses der Deutschen Gesellschaft für Soziologie in München 2004, Teil 2. Frankfurt a. M./New York: Campus, S. 1058–1072.

Wohlrab-Sahr, Monika, Uta Karstein und Christine Schaumburg (2005): „Ich würd' mir das offen lassen". Agnostische Spiritualität als Annäherung an die „große Transzendenz" eines Lebens nach dem Tode. In: Zeitschrift für Religionswissenschaft, 13 (2), S. 153–174.

The manufacturer's authorised representative in the EU is Springer Nature Customer Service Centre GmbH, Europaplatz 3, 69115 Heidelberg, Germany. If you have any concerns regarding our products, please contact ProductSafety@springernature.com

Printed and bound by CPI Group (UK) Ltd, Croydon, CR0 4YY
23/03/2026
02076460-0007